KOCHEN UND EINKAUFEN
ohne Jodzusätze

Ein Rezept- & Einkaufsbuch
für Jodempfindliche und Gesundheitsbewußte

Mit einem Vorwort des Berliner Schilddrüsenspezialisten
Professor. Dr. med. Jürgen Hengstmann

und
mit einem Geleitwort von Frank Rösner,
Schatzmeister der FDP in Garmisch-Partenkirchen

Dagmar Braunschweig-Pauli

IMPRESSUM

Dagmar Braunschweig-Pauli M.A.
KOCHEN UND EINKAUFEN OHNE JODZUSÄTZE
Ein Rezept- & Einkaufsbuch
für Jodempfindliche und Gesundheitsbewußte
Mit feinen Rezepten aus Mamsells Küche

ISBN 978-3-9811477-2-8

2. Auflage, April 2012
1. Auflage November 2009
© 2009 Verlag Braunschweig-Pauli, Trier, 1. Auflage November 2009
Alle Rechte vorbehalten

Verlag Braunschweig-Pauli
An der Pferdsweide 60, D - 54296 Trier, Tel: +49 (0)651 - 180 97 32,
Fax: +49 (0)651 - 16 874, E-Mail: info@verlagbraunschweigpauli.de,
Internet: www.verlagbraunschweigpauli.de

Titelgestaltung & Satz:
Tannja Decker, Dipl. Kommunikationsdesign
E-Mail: info@tannja.de, Internet: www.tannja.de

Digitaldruck & Bindung:
Hohnholt Reprografischer Betrieb GmbH, Bremen, www.hohnholt.com

Orthographie:
alte Rechtschreibung
(Ausnahme: Zitate aus Originaltexten anderer Autoren)

Urheberrecht:
Das Werk einschließlich aller seiner Teile ist urheberrechtlich geschützt.
Jede Verwendung außerhalb der engen Grenzen des Urheberrechtes
ist ohne schriftliche Zustimmung der Autorin und des Verlages
unzulässig und strafbar. Dies gilt insbesondere für Vervielfältigungen,
Übersetzungen, Mikroverfilmungen und die Einspeicherung und
Verarbeitung in elektronischen Systemen sowie die
Kopie von Textstellen und Buchauszügen auf Websites.

KOCHEN UND EINKAUFEN
ohne Jodzusätze

Ein Rezept- & Einkaufsbuch
für Jodempfindliche und Gesundheitsbewußte

Mit einem Vorwort des Berliner Schilddrüsenspezialisten
Professor. Dr. med. Jürgen Hengstmann

und
mit einem Geleitwort von Frank Rösner,
Schatzmeister der FDP in Garmisch-Partenkirchen

Dagmar Braunschweig-Pauli

IMPRESSUM

Dagmar Braunschweig-Pauli M.A.
KOCHEN UND EINKAUFEN OHNE JODZUSÄTZE
Ein Rezept- & Einkaufsbuch
für Jodempfindliche und Gesundheitsbewußte
Mit feinen Rezepten aus Mamsells Küche

ISBN 978-3-9811477-2-8

2. Auflage, April 2012
1. Auflage November 2009
© 2009 Verlag Braunschweig-Pauli, Trier, 1. Auflage November 2009
Alle Rechte vorbehalten

Verlag Braunschweig-Pauli
An der Pferdsweide 60, D - 54296 Trier, Tel: +49 (0)651 - 180 97 32,
Fax: +49 (0)651 - 16 874, E-Mail: info@verlagbraunschweigpauli.de,
Internet: www.verlagbraunschweigpauli.de

Titelgestaltung & Satz:
Tannja Decker, Dipl. Kommunikationsdesign
E-Mail: info@tannja.de, Internet: www.tannja.de

Digitaldruck & Bindung:
Hohnholt Reprografischer Betrieb GmbH, Bremen, www.hohnholt.com

Orthographie:
alte Rechtschreibung
(Ausnahme: Zitate aus Originaltexten anderer Autoren)

Urheberrecht:
Das Werk einschließlich aller seiner Teile ist urheberrechtlich geschützt.
Jede Verwendung außerhalb der engen Grenzen des Urheberrechtes
ist ohne schriftliche Zustimmung der Autorin und des Verlages
unzulässig und strafbar. Dies gilt insbesondere für Vervielfältigungen,
Übersetzungen, Mikroverfilmungen und die Einspeicherung und
Verarbeitung in elektronischen Systemen sowie die
Kopie von Textstellen und Buchauszügen auf Websites.

Meinen Kindern für eine gesunde Zukunft

INHALT

Vorwort	9	**SAUCEN**	
Geleitwort	10	Gorgonzolasauce	50
Die Autorin	12	Petersiliensauce	51
Einleitung	14	Senfsauce	52
		Tomaten-Paprikasauce	53
I. INFORMATIONSTEIL	19		
Faustregel I	20	**FLEISCH**	
Faustregel II	20	Bisonsteak	54
Faustregel III	22	Reh-Steaks	55
Faustregel IV	23	Wildschweinrippchen	56
Faustregel V	25	Pfeffer-Filet	57
Faustregel VI	26	Zunge im Blätterteig	58
Faustregel VII	27	Überbackenes Schweinefilet	59
Faustregel VIII	28	Schweinefilet	60
		Kaiserbraten in Honig	61
II. REZEPTTEIL	32	Warmer Leberkäse	62
ERSATZPRODUKTE		Königsberger Klopse	63
Ersatz-Milch	32		
Saure Ersatz-Sahne	32	**FISCH**	
Süße Ersatz-Sahne	33	Überbackener Dill-Lachs	64
		Strammer Hinnak	65
VORSPEISEN			
Bohnen im Speckmantel	34	**GEFLÜGEL**	
Datteln mit Roquefort gefüllt	34	Entenbrust	66
Gefüllte Avocado	35	*Dagmars Fest*	67
		Flieten mit Pommes	69
SUPPEN		Überbackene Putenbrust	70
Borschtsch	36	Gänsekeulen mit Rotkraut	71
Erbsensuppe	37	Martinsgans	72
Erbsensuppe für den König	38		
Frühlingssuppe	40	**EIERSPEISEN**	
Indische Linsensuppe	41	Kaiserschmarrn	73
Japanische Eierstichsuppe	42	Zwiebel-Käse-Omelette	74
Kartoffelsuppe	43	Quark-Pfannkuchen	75
Ochsenschwanzsuppe	44	Verlorene Eier	76
Reissuppe	45		
Thüringische Nudelsuppe	46	**KARTOFFELGERICHTE**	
		Bauernfrühstück	77
GEMÜSE		Thüringischer Kartoffelsalat	78
Spargel	47	Überbackene Käsekartoffeln	79
Möhren in Mehlschwitze	48	Kartoffel-Auflauf	80
Gurkennester	49	Kartoffel-Blumenkohl-Auflauf	81

Kartoffelklöße	82

NUDELN

Selbstgemachte Bandnudeln	83
Selbstgemachte Spätzle	84
Nudeln	85

REIS

Gemüsereis in der Pfanne	86
Gefüllte Tomaten / Paprika	87
Milchreis mit Zimt	88

PIZZA

Selbstgemachte Pizza	89
Tiefkühl-Pizza verfeinert	90
Der Einkaufszettel	91

SALAT

Avocado-Salat	92
Chicorée mit Roquefort	93
Gurkensalat	94
Mausohrsalat oder Feldsalat	95
Paprika-Ananas-Salat	96
Rote Beete-Salat	97
Wurstsalat mit Musik	98
Der erste Kellerbesuch	99

SCHNELL UND LECKER

Gerupfter Käs	101
Käsebrötchen überbacken	102
Schnitzel-Brötchen	103

SÜSSE SACHEN

Schokoladenfondue	104
Pflaumenmus	105
Pollen-Schoko-Creme	106
Süße Salami	107
Königsberger Marzipan	108

BROT

Käsebrot	109
Schinken in der Brotrolle	110
Dr.Paulis Original Römertopf-Brot	111

KUCHEN & GEBÄCK

Pflaumenkuchen	112
Thüringischer Stollen	114
Wie Maunkele	116
Jesus in Deutschland	116
Küchlein: ausgezogene Krapfen	118
Berliner Brot	119
Makrönchen	120
Marillenkuchen	121
Prasselkuchen	122
„Iß täglich drei Mandeln"	124
Danziger Windbeutel	125
Guglhupf	126
Zebrakuchen	127
Gedeckter Apfelkuchen	128
Kims Apfelkuchen	129

DESSERT

Apfelmus	130
Vanille-Eis	131
Zimteis	132
Mohneis	133
Mamsell Luises Kaiser-Eis	134

VERSCHIEDENES

Saure Gurken	135
Mayonnaise	136
Meerrettich-Sahne	136
Stärkungs-Trank	137
Knoblauchbutter	137
Bärlauchpesto	138

GETRÄNKE

Ingwer-Tee	139
Bergkristall-Wasser	139
Arabischer Kaffee	140
Doktor Biene: Gott summt mit	141
Ostpreußischer Bärenfang	141

III. EINKAUFSTEIL **143**

Ladenhüter Jodmilch	143
Offener Brief	145
Nicht das Gelbe vom Ei	147
Einkaufen	148
Grundnahrungsmittel / Ausgangs- & Fertigprodukte	148
Brot / Zwieback	148
Milchprodukte	149
Geflügel / Eier	151
Fleisch, Wurst & Fisch	152

Süsses & Knabbereien	153
Fertigprodukte	154
Tiefkühlprodukte	155
Konserven	155
Obst/Gemüse	155
Backzutaten	156
Würzmittel/Saucen	156
Getränke	157

IV. ADRESSTEIL 159
Regionale Einzelbezugsadressen
auf einen Blick 159
Bezugsquellen für
unjodierte Brot- & Backwaren 159
Bezugsquellen
für unjodierte Butter 161
Bezugsquellen für Eier 161
Bezugsquellen für Geflügel 161
Bezugsquellen für Gewürze 161
Bezugsquellen für Honig 162
Bezugsquellen für
Fleisch/Wurst/Schinken 162
Bezugsquelle
für Galloway-Rindfleisch 163
Bezugsquellen für Milch 163
Bezugsquellen für Käse 163
Bezugsquellen für Kartoffeln
(auch Bioprodukte),
Obst, Gemüse und Kräuter etc. 164
Bezugsquellen für
Oliven/Olivenöl/Feinkost 164
Bezugsquellen
für schwarzen Pfeffer 165
Bezugsquellen
für unjodiertes Salz 165
Bezugsquellen für Tee 165
Bezugsquellen für Wild 166
Cafés 166
Restaurants 166

IV. ALPHABETISCHES ORTSREGISTER 167
A - Österreich 167
CH - Schweiz 167
D - Deutschland 167
LU - Luxemburg 172

V. GLOSSAR 173
Literatur 179
Mein Dank 180

VI. ANZEIGEN 181

VORWORT

des Schilddrüsenspezialisten
Professor Dr. med. Jürgen Hengstmann, Berlin

Wenn eine durch geerbte oder spontan entstandene Unverträglichkeit von Bestandteilen der Nahrung besteht, gilt es für den behandelnden Arzt und den Patienten eine vollständige Liste der betreffenden Nahrungsmittel zu erstellen oder aus dem Internet zu besorgen.

Ist das auch für Jod so einfach?

Einfach sieht es aus, wenn in der Zutatenliste von Fertigprodukten die Zutat von Jodsalz/ jodiertes Speisesalz – fast immer richtig angegeben - angegeben ist. Deutlich schwieriger stellt sich die Sachlage aber dar, wenn z.B. nirgendwo deklarierte hohe Mineralstoffzusätze (Jod, aber auch Jodat) bei der Ernährung von Nutztieren verwendet werden.

Das dadurch entstehende „unerwartete" Problem unkontrolliert hoher Jodzufuhr gilt besonders für die große, nicht nur in Deutschland zufindende Zahl von Patienten mit

„Hashimoto-Thyreoiditis" (Schilddrüsenrheuma)

Bei rechtzeitiger Diagnosestellung kann durch Vermeiden hoher Jodmengen in der Ernährung der unwiederbringliche Verlust von Schilddrüsengewebe vermieden werden, der Erhalt einer normalen Schilddrüsenfunktion ist möglich.

Aber auch bei anderen Erkrankungen, wie z.B. Morbus Basedow während der medikamentösen Behandlung mit Thyreostatika, mit Psychopharmaka behandelten Depressionen, Dermatitis herpetiformis Duhring, Vitiligo oder Zöliakie kann Jodkarenz versucht werden.

Für den möglichen Weg zu einem normal verlaufenden Leben ist dieser Einkaufsratgeber unerlässlich.

Jürgen H. Hengstmann

GELEITWORT
von Frank Rösner,
Schatzmeister der FDP Garmisch-Partenkirchen

Der Jodprophylaxe fehlt die gesetzliche Grundlage

Als ich im Oktober 2008 den Vortrag von Frau Braunschweig-Pauli in Garmisch-Partenkirchen besuchte, war mir nicht klar, was auf mich zukam und wie sich die Dinge danach entwickeln würden.

In der Presse wurde die Veranstaltung unter dem Stichwort „Schilddrüse" angekündigt. Der eigentliche Inhalt, die Kritik an der Jodierung von Lebensmitteln, ging aus dem Veranstaltungshinweis jedoch nicht hervor. Und das war auch gut so, denn wer weiß, ob ich dann den Weg ins Kongresshaus gefunden hätte.

Denn „natürlich" war ich, wie wohl die meisten Deutschen, bis dato der Meinung, dass Jod, respektive Jodsalz, für unsere Gesundheit wichtig und unverzichtbar ist. Schließlich hat sich diese Information seit dem Beginn der Jodprophylaxe vor über 20 Jahren zu einem Selbstläufer entwickelt.

Meine Auffassung änderte sich jedoch während der Ausführungen von Frau Braunschweig-Pauli schlagartig. Selten habe ich ein derartiges „Déjà-vu" erlebt.

Seit Oktober 2008 beschäftige ich mich nunmehr mit dem Problem der „Zwangsjodierung" mit folgenden Schwerpunkten:

Konzentration auf Lebensmittel ohne Jodsalz - aufgrund der fehlenden Kennzeichnungspflicht ein schwieriges Unterfangen. Andererseits fällt erst jetzt auf, wie häufig Jodsalz enthalten ist und zu Werbezwecken auch noch hervorgehoben bzw. bewusst oder unbewusst missbraucht wird.

Verbreitung von Informationen über Jod auf meinem Weblog. Aufgrund der überwältigenden Reaktionen von jodgeschädigten Bürgern habe ich im Mai 2009 ein eigenes Themenblog http://jod-info.blog.de ins Leben gerufen.

Nach über einem Jahr Beschäftigung mit dem Thema „Jodierung von Lebensmitteln" stellt sich die Situation für mich nunmehr wie folgt dar:

Die Jodprophylaxe nimmt keine Rücksicht auf Jodempfindliche („Jodallergiker").

Auch Hashimoto-Patienten u.a., die kein zusätzliches Jod zu sich nehmen dürfen, haben in Deutschland ein echtes Ernährungsproblem.

Die Dunkelziffer der Hashimoto-Kranken dürfte sehr hoch sein und die Wenigsten ahnen wohl, dass ihr schlechtes Befinden auf die Jodprophylaxe zurückzuführen ist.

Die Langzeitfolgen der Jodprophylaxe werden wohl noch für große Überraschungen sorgen.

Als Nicht-Mediziner stehen für mich aber die rechtlichen Aspekte im Vordergrund. Nicht ein einziger Bürger in Deutschland hat der Politik oder auch nur einem einzigen Lebensmittelproduzenten schriftlich genehmigt, unserer Nahrung künstlich Jod zuzusetzen. Meines Erachtens ein schwerer Verstoß gegen Artikel 2 Absatz 2 des Grundgesetzes, wonach jeder das Recht auf Leben und körperliche Unversehrtheit hat und in diese Rechte nur auf Grund eines Gesetzes eingegriffen werden darf. Ich sehe aber weit und breit kein Gesetz, das der Deutsche Bundestag beschlossen hat, welches die Jodprophylaxe erlaubt.

Ein solches Gesetz fände in einer aufgeklärten Bevölkerung auch keine Zustimmung.

Ich gratuliere Dagmar Braunschweig-Pauli dazu, dass sie die Kraft und die Zeit gefunden hat, dieses einzigartige Kochbuch zu realisieren.

DIE AUTORIN

Dagmar Braunschweig-Pauli M.A. studierte Musikpädagogik, Klavier, Orgel und Cello, danach Musikwissenschaften, Germanistik und Kunstgeschichte. Sie ist Musikerin, Journalistin, Wissenschaftlerin und Autorin.

Kochen und Backen war für sie früher eher eine Nebenbeschäftigung gewesen, bis sie infolge der heimlichen Zwangsjodierung (infolge der heimlichen Viehfutterjodierung + Salz- und Lebensmitteljodierung) in Deutschland jodkrank – mit Morbus Basedow und Jodallergie – wurde.

Für die tägliche Ernährung bedeutete diese jodinduzierte Erkrankung, daß spätestens von da ab (besser wäre es natürlich gewesen, diese erst durch die Zwangsjodierung ausgelöste Erkrankung gar nicht erst zu bekommen!) auf jegliche künstlichen Jodzusätze verzichtet werden mußte, damit die Erkrankung sich nicht weiter durch Jod verschlimmerte, um dann ohne künstliche Jodzusätze erfolgreich therapierbar zu werden.

Nach der Diagnose „Morbus Basedow" wurde in ihrem Leben alles anders: die Familie konnte nicht mehr aus essen gehen, weil das künstliche Jod über Jodsalz und vorjodierte Fleisch- und Milchprodukte, Eier, Geflügel (über das heimlich jodierte Viehfutter und Salzlecksteine) unausweichlich und mehrfach in fast sämtlichen Lebensmitteln und Gerichten vorhanden war, die in Restaurants und Gaststätten zu bekommen waren. Auch Kuchen und Sahnetorten, Gebäck und Schokolade in Cafés konnten über die jodierten Milchprodukte und Eier ebenfalls mehrfach vorjodiert sein und mußten gemieden werden.

Um überhaupt überleben zu können und wieder gesund zu werden, mußte Dagmar Braunschweig-Pauli von da an ihr Augenmerk in erster Linie darauf richten, Lebensmittel bzw. Zutaten für ihre Mahlzeiten ohne künstliche Jodzusätze zu finden, dann zu kaufen, um dann daraus - in vielen Fällen sozusagen von „der Pike auf" - zum ersten Male Gerichte ohne die gängigen Hilfsmittel wie Fertigsaucen oder Fertigsuppen, Tiefkühlgerichte etc. für sich und ihre Familie frisch zu zubereiten.

Das Gefühl der schmerzlichen Einschränkung ihrer Lebensqualität durch die ihr aufgezwungenen Verzichte von deutschen, weil in den meisten Fällen künstlich jodierten Lebensmitteln, ist seit 1995 unvermindert stark geblieben.

Aber Übles kann auch positive Seiten haben.

Aus der unfreiwilligen Suche nach nicht künstlich jodierten Lebensmitteln und der sich daraus ergebenden Notwendigkeit, die Speisen vollständig selber zu zubereiten, wurde im Laufe der Zeit eine persönliche Entdeckungsreise zu ihrem großmütterlichen Erbe, das in der Erinnerung an die köstlichsten ostpreußischen und thüringischen Gerichte und Backwaren, und natürlich in den Kniffen und Tricks besteht, wie sie nur langjährige Köchinnen in ihrem Erfahrungsschatz hüten.

Auf einmal ist alles wieder lebendig geworden: die lieben Hände, wie sie rühren und kneten und formen und der aufmerksam beobachtenden Enkelin das „Versucherle" zum Kosten hinhalten.

Die ostpreußische Großmutter Luise war Mamsell auf einem Gut gewesen, ehe sie heiratete und in der Nähe von Danzig zusammen mit ihrem Stiefsohn, einem Konditormeister, eine Konditorei aufmachte. Windbeutel waren ihr Erfolgs-Gebäck.

Die thüringische Großmutter Frieda war Wirtin des Ausflugslokals „Ziegelhütte" in Sonneberg gewesen. Eine ihrer Spezialitäten war der thüringische Stollen, der „wie Maunkele" schmeckte.

Alle Gerichte, die aus der kindlichen Erinnerung rekonstruiert werden konnten, sind in die von der Autorin für sich und ihre Familie neu erarbeitete Koch - und Backpraxis mit nicht künstlich jodierten Lebensmitteln eingegangen und befinden sich hier in diesem speziellen Kochbuch mit Bezugsquellen für unjodierte Koch- und Backzutaten und Lebensmittel.

EINLEITUNG
„Man nehme..."

Dieses Koch- und Einkaufsbuch ohne Jodzusätze zählt zur Sparte derjenigen Kochbücher, in denen neben den Rezepten mit Zutaten und Zubereitung grundsätzlich die Einkaufsquellen für die einzelnen Zutaten vermerkt sind. Einzigartig und in seiner Art einmalig an diesem Kochbuch ist jedoch, daß es ausschließlich Einkaufsquellen für nicht künstlich jodierte Produkte zusammenstellt.

Gerade die Kenntnis unjodierter Einkaufsquellen ist aber für eine gesundheitsorientierte und naturbelassene Ernährung wichtig, weil die Jodierung vor allem der deutschen, österreichischen und schweizerischen Lebens- und Futtermittel zu nahezu vollständig jodierten Ausgangsprodukten für das Kochen und Backen geführt hat. Das hat zur Folge, daß man als Jodempfindlicher, als Schilddrüsenkranker oder Gesundheitsbewusster nicht einfach in ein Lebensmittelgeschäft gehen, die naturbelassenen, nicht künstlich jodierten Zutaten für ein bestimmtes Gericht einkaufen und es dann nach Rezept zubereiten kann.

Will oder muß man sogar aus gesundheitlichen Gründen den künstlichen Jodzusätzen in Lebensmitteln, Fleisch- und Milcherzeugnissen ausweichen, braucht man in Deutschland, Österreich und der Schweiz sehr viele Spezialkenntnisse um zu wissen, wo man welches Produkt aus welchem Herkunftsland als nicht künstlich jodiert kaufen, damit kochen oder backen, und es dann mit Genuß essen kann, und, nach den Erfahrungen von Jodallergikern, ohne die z.t. lebensbedrohlichen Jodsymptome* zu bekommen.Diese Spezialkenntnisse für „unjodiertes Einkaufen" werden in diesem Koch-& Einkaufsbuch vermittelt.
*Jodsymptome s. Glossar

Die zwei Hauptfragen

Die zwei Hauptfragen von Menschen, die kein zusätzliches Jod mit Lebensmitteln essen dürfen sind deshalb:

1) Wo ist Jod drin? - Darüber informiert für einen kleinen Teil der künstlichen Jodzusätze durch die Zusetzung von Jodsalz/ Jodiertes Speisesalz die Deklaration bei verpackten Lebensmitteln; für den größeren Teil der künstlichen Jodzusätze aber, der über die Jodierung des Viehfutters, auch für Geflügel und auch im Biobereich (!), in die Nahrungskette, vor allem Fleisch- und Milchprodukte, Eier etc. und deren Folgeprodukte gelangt, gibt es in Deutschland und der EU zur Zeit leider keine verpflichtende Deklaration. Da die Jodierung des Viehfutters mit z. Zt einem erlaubten Eintrag von 5 mg Jod/kg Futtermittel eine EU-Maßnahme ist, kann man sich gegenwärtig nur mit Hilfe der persönlichen Erfahrungen (=Selbstversuche) von Jodallergikern darüber informieren, aus welchen europäischen Ländern Fleisch- und Milchprodukte – noch! – für Jodempfindliche verträglich sind, also in welchen Herkunftsländern das Viehfutter offensichtlich – noch! – nicht künstlich jodiert wird.

Wichtig: Dies sind individuelle Erfahrungswerte von Betroffenen, die aber von jedem Betroffenen immer wieder selber neu nachgeprüft werden müssen, da sich die Viehfütterung jederzeit auch im europäischen Ausland leider negativ durch künstliche Jodierung des Viehfutters verändern kann! Ausnahme Frankreich: in Frankreich ist die Jodierung von Lebensmittel verboten. „Gemäß einer Stellungnahme der französischen Behörden ist die Anwendung von jodiertem Salz in verarbeiteten Lebensmitteln in Frankreich verboten. Dieses Verbot gründet auf dem Bericht „Entwicklung der ernährungswissenschaftlichen Auswirkungen der Einführung von jodierten Lebensmittelkomponenten" der französischen Lebensmittelsicherheitsbehörde AFSSA (Agence Française de Sécurité Sanitaire des Aliments). In diesem Bericht ist geschrieben, dass die systematische Verwendung von jodiertem Salz in verarbeiteten Lebensmitteln die Bevölkerung dem Risiko einer Überschreitung der oberen Sicherheitsgrenze für Jod aussetzt." (zitiert aus: Studie der Eidgenössischen Forschungsanstalt *Agroscope Liebefeld-Posieux, 2008,* Abs. 9 Verwendung von jodiertem Salz, S. 15, Abs. 10 Zusammenfassung, S. 16)

Die Tatsache also, daß Milchprodukte, Käse etc. aus anderen europäischen Ländern aber auch aus Übersee noch von Jodempfindlichen vertragen werden, führt deshalb für alle in Deutschland Österreich und der Schweiz lebenden Betroffenen, die ebenfalls auf Milch- und Folgeprodukte ohne künstliche Jodzusätze angewiesen sind zu der Frage:

2) Wo kommt das Produkt her? – d.h. aus welchem anderen europäischen bzw. nicht europäischen Land, in dem die Futtermittel- bis jetzt noch! – nicht jodiert werden, kommt das Produkt? Bei überregional vertriebenen Fleisch- und Milchprodukten und Halb- und Fertigprodukten geben darüber die ovalen **Nationalitätenkennzeichen z.B.** Ⓘ, Auskunft.

Entgegen der gängigen Meinung, mit „Bio" sei man auf der sicheren Seite, muß hier leider gesagt werden, dass auch der inländische Biobereich – bis auf ganz wenige, handverlesene Betriebe – auf dem sensiblen Gebiet der Fleisch- und Milchprodukte sowie Eier keine verlässliche Nische für unjodierte Lebensmittel bietet, da biozertifizierte Mineral- und Futtermischungen erlaubter maßen jodiert sein können (und es oft auch sind!), sowie im Biobereich ausgelegte Lecksteine und Leckschalen ebenfalls leider oft jodiert sind.

Die Rezeptsammlung

Auf Grund unzähliger Nachfragen von Jodgeschädigten aus dem In-und Ausland nicht nur nach verlässlichen Einkaufsquellen von unjodierten Lebensmitteln, sondern auch nach Rezepten von Gerichten mit unjodierten Zutaten, entstand diese völlig neu- und einzigartige Rezeptsammlung.

In ihr finden sich neben Familienrezepten meiner beiden Großmütter „aus Mamsells Küche" auch internationale Rezepte mit den entsprechenden Bezugsnachweisen für die nicht künstlich jodierten Koch- und Backzutaten.

Diese sind, soweit sie mir bekannt geworden sind, entweder in erreichbaren Geschäften oder im Versand- bzw. Internethandel zu bekommen.

In über 16 Jahren Recherche ist mit dieser Sammlung ein einmaliges Koch, -Back-, und Einkaufsbuch für alle diejenigen Menschen in Deutschland, Österreich und der Schweiz entstanden, die künstliche Jodzusätze in Lebensmitteln aus gesundheitlichen Gründen zwar meiden müssen, im eigenen Lande jedoch kaum tierische Ausgangsprodukte ohne künstliche Jodzusätze bekommen können. In diesem Rezept - & Einkaufsbuch erfahren Sie, wie Sie trotz dieses quälenden Lebensmittel-Engpasses alle Zutaten bekommen, um gesund, abwechslungsreich und schmackhaft kochen und backen zu können.

Wachsende Gruppe Jodempfindlicher

Diese stetig wachsende Gruppe von Jodempfindlichen ist durch die künstlichen Jodzusätze meist erstmalig jodkrank geworden. In Deutschland, wo bereits seit 1985/86 das Viehfutter heimlich jodiert wird und spätestens ab 1993 (s. 2. Verordnung zur Änderung der Vorschriften über jodiertes Speisesalz vom 22.12.1993) die zusätzliche, offiziell proklamierte Jodsalzprophylaxe zu der politisch angestrebten „flächendeckenden Jodierung" geführt hat, sind infolge der unausweichlichen Jodierung nahezu sämtlicher Grundnahrungs- und Lebensmittel aktuell (2009) bereits 33% der Bevölkerung schilddrüsenkrank.

Damit ihre jodinduzierte Erkrankung überhaupt therapiert werden kann, müssen Menschen mit jodinduzierten Schilddrüsenerkrankungen wie z. B. Morbus Hashimoto und Morbus Basedow, Heißen und Kalten Knoten, Kropf und Schilddrüsenkrebs, alle künstlich jodierten Lebensmittel meiden. Folglich kann diese große Bevölkerungsgruppe auf Grund der nahezu generellen Jodierung der Lebens- und Futtermittel in Deutschland, aber auch in Österreich und der Schweiz, die einheimischen, jodierten Lebensmittel aus gesundheitlichen Gründen nicht mehr essen.

Die Zielgruppe

Zusätzliches Jod, das den individuellen Jodbedarf des einzelnen Menschen übersteigt, schädigt außer der Schilddrüse praktisch jedes andere Organ im Körper: die Haut (mit Haaren und Nägeln) und Schleimhaut (Speiseröhre, Magen und Darm), das Zentrale Nervensystem, die Augen, die Knochen, das Herz-Kreislaufsystem, sämtliche Hormondrüsen, die Fortpflanzungsorgane, die Nieren, die Bauchspeicheldrüse, die Atmungsorgane.

Ich habe dieses Rezept-& Einkaufsbuch für Menschen mit folgenden Erkrankungen geschrieben, bei denen künstliche Jodzusätze auf ärztlichen Rat hin unbedingt gemieden werden müssen: für Menschen mit den *Autoimmunerkrankungen Morbus Hashimoto und Morbus Basedow, Depressionen (auch die, die mit Psychopharmaka behandelt werden), Dermatitis herpetiformis Duhring, Exophthalmus, Jodallergie, Jodakne, Jodfehlverwertung, Jodismus/Jodvergiftung, Heißen und Kalten Knoten, Schilddrüsenkrebs, Krebs an allen Organen, Osteoporose, Schilddrüsenüber- und Unterfunktion, subklinische Hyperthyreose, Schilddrüsenentzündung, Tuberkulose, Thyreotoxische Krise/Thyreotoxikose, Vitiligo, Zöliakie.*

Weitere Risikogruppen

Erfahrungsgemäß kann dieses Rezept- & Einkaufsbuch aber auch sehr hilfreich sein, wenn bei der Ernährung unkontrollierbare Jodmengen (z.B. bei tierischen Produkten über jodiertes Viehfutter ohne genaue Mengenangaben, wieviel Jod in ihnen enthalten ist) nicht auszuschließen sind und gleichzeitig folgende Symptome bzw. Krankheiten auftreten, die mittel- oder unmittelbar möglicherweise durch eine unkontrollierte Jodaufnahme ausgelöst bzw. verschlimmert werden können: *Anaphylaktischer Schock, ADHS, Alzheimer bzw. Demenz, Arteriosklerose, Rheumatische Arthritis, Atemwegserkrankungen (=Jodhusten/Jodschnupfen), Asthma (=Jodasthma), Aggressionen, Angio-Ödem, Angst- und Panikattacken, Bindehautentzündungen, Diarrhoe (=Durchfall/Brechdurchfall/Koliken), Diabetes, Embolien (=Arterienverschluß), Herzerkrankungen, Herzinsuffizienz, Herzrasen, Herzrhythmusstörungen, Hirnödem, Hornhautverätzungen/Netzhautablösung, hoher Blutdruck, Hyperaktivität, Erektionsstörungen, Impotenz, ungewollte Kinderlosigkeit, Fettleibigkeit, Fieber, (=Jodfieber), Glottis-Ödem, Haarausfall, Händezittern, Heiserkeit, Karpaltunnelsyndrom, Konzentrationsschwäche, Kopfschmerzen, Kreislaufstörungen, Larynxödem, Lichtallergie, Magen-Darmstörungen, Muskelschwäche, Nagelveränderungen (=Nagelablösung, brüchige Nägel), Nervosität, Nierenfunktionsstörungen, Ödeme, Ohnmachten, Schlaf- und Sehstörungen, Schwächeanfälle, Schweißausbrüche, Schwindel, Stoffwechselstörungen, Verätzungen an Speiseröhre und Magenschleimhaut, Vergesslichkeit, Verstopfung, Zappelbeine.*

Ausweg aus der Jodfalle

Aber was ißt man nun in einem Land, in dem man fast nichts Unjodiertes mehr zum Essen kaufen kann?

Was kocht man für Gerichte, wenn man kaum noch im Inland erzeugte, unjodierte Zutaten bekommt?

Seitdem ich 1995 zusammen mit meinem Mann, Dr. Heinrich Pauli († 2000), die „Deutsche Selbsthilfegruppe der Jodallergiker, Morbus Basedow- und Hyperthyreosekranken" gegründet habe und anfangs noch mit der Schreibmaschine geschriebene Einkaufshilfen und Rezepte an Betroffene verschickt habe, bekomme ich immer wieder drei zentrale Fragen von Jodbetroffenen gestellt:

1. **Was** essen **Sie** eigentlich?
2. **Woher** nehmen Sie überhaupt die unjodierten Zutaten? Und
3. Können Sie mir gute, möglichst zeitsparende **Rezepte für unjodierte Gerichte sagen?**

Denn wer in Deutschland, Österreich und der Schweiz kein zusätzliches Jod in Lebensmitteln verträgt, sieht sich gleich zwei Zwickmühlen gegenüber: erstens der mühsamen Suche nach unjodierten Lebensmitteln überhaupt und zweitens dem mit der zeitaufwendigen Suche nach unjodierten Zutaten und dem Selberkochen bzw. Selberbacken zusammenhängenden sehr großen Zeitaufwand.

Wir Jodempfindlichen bekommen ja nicht alle unjodierten Produkte in einem einzigen Laden. Leider nicht einmal die meisten!
Im Supermarkt an der Ecke sind meist nur wenige unjodierte Produkte zu bekommen, und wenn es welche gibt, sind sie meist aus dem Ausland.

Zu den meisten Einkaufsquellen unjodierter Lebensmittel, vor allem, wenn wir unjodierte Fleisch- und Milchprodukte, Eier und Geflügel haben möchten, müssen wir mit dem Auto sehr weit, oft viele hundert Kilometer ins benachbarte Ausland fahren.
Denn nur noch im benachbarten Ausland wie z.B. Italien, Frankreich, Belgien, Luxemburg, Polen, England, wo das Viehfutter noch nicht wie in Deutschland nahezu generell (die bis jetzt nur wenigen Ausnahmen sind noch sehr schwer zu finden!) jodiert wird, sind bis jetzt Milchprodukte ohne Jodbelastung zu bekommen.

Unbemerkt von der Öffentlichkeit hat sich auf diese Weise eine Art „**Milchtourismus**" von Deutschland aus ins benachbarte Ausland entwickelt, der bereits in den entsprechenden Einkaufsmärkten, wie beispielsweise „Copal" in Luxemburg, dem Verkaufspersonal als sehr ungewöhnlich auffällt.

Zusätzlich fahren wir zu dem einzigen Bäcker, der unjodiertes Brot hat, und zu dem einzigen Bauern aufs Land, der seine Hühner nur mit Getreide und **ohne Brot** (weil es aller Wahrscheinlichkeit nach jodiert ist!!!) von Nachbarn, also unjodiert füttert.

Und wir warten auf den Wochenmarkt in der Stadtmitte, um italienischen, irischen und französischen Käse und u.a. naturbelassene Oliven zu kaufen.

Durch diese vielen, langen und zeitaufwendigen Einkaufswege wird die neben beruflichen und familiären Verpflichtungen verfügbare Zeit empfindlich knapp.

Wenn möglich, muß diese also bei der Zubereitung der Mahlzeiten wieder eingespart werden.

Die hier zusammengetragenen Rezepte sind von der Autorin, die Jodallergikerin, berufstätig und alleinerziehend ist, und ihrer Familie gesammelt und erfolgreich ausprobiert worden. Die meisten Rezepte erfordern eher wenig Zeitaufwand, Ausnahmen bestätigen natürlich die Regel.

Meine Lieblingsgerichte „aus Mamsells Küche" stammen aus dem ostpreußischen und thüringischen Erfahrungsschatz meiner beiden Großmütter.

I. INFORMATIONSTEIL

Die 8 Faustregeln für „unjodiertes" Einkaufen*

*Sämtliche Angaben zu Lebensmitteln ohne Gewähr!

Die Kenntnis der hier folgenden 8 Faustregeln* ist die unverzichtbare Voraussetzung für den Einkauf von nicht künstlich jodierten Koch- und Backzutaten

* Zuerst veröffentlicht in Dagmar Braunschweig-Pauli:
„Basisartikel JOD. Basisinformationen zur „generellen Jodsalzprophylaxe", Trier 2008.

Da Jod außer dem Salz vielfach (es gibt wenige Ausnahmen) auch dem Viehfutter, den Lecksteinen- und schalen und vielen Halb- und Fertigprodukten beigemischt werden darf, ist es in den meisten Fällen auf unüberschaubaren Wegen – oft auch über jodhaltigen Dung, z.T. auch im Bio-Dung – in nahezu sämtlichen Grundnahrungsmitteln und Ausgangsprodukten und aus ihnen hergestellten Halb- und Fertigprodukten und Lebensmitteln enthalten.

Wer dieses zusätzliche Jod nicht verträgt und ihm ausweichen muß, kann nicht einfach einkaufen und sich auf die Deklaration verlassen.

Die offizielle Jod-Deklaration ist halbherzig und meines Erachtens nach verbrauchertäuschend und verbrauchergefährdend: Jod in Form von Jodsalz wird zwar auf verpackten Produkten deklariert, aber nicht als „indirekter" Jodzusatz auf Fleisch- und Milchprodukten wie Milch, Sahne, Quark, Joghurt, Butter etc. Eiern und allen Folgeprodukten, z. B. auch Schokolade und Eis, Plätzchen und Eierlikör, wenn Jod meist in sehr hohen Mengen zwar über die Tierfütterung* (*s. Glossar unter Jodmengen in Tierfutter) zwar oft enthalten ist, in dieser Form aber nicht deklariert werden muß. Auch die in den tierischen Produkten bei der z.Zt. erlaubten Viehfutterjodierung enthaltenen Jodmengen werden bis jetzt nicht deklariert.

Natürlich geht auch dieses undeklarierte Jod in die Lebensmittel über, so daß allein über den Verzehr von tierischen Produkten bei der z.Zt erlaubten Jodierung des Tierfutters eine konstante Überjodierung stattfinden kann.

Zwei für die Gesundheit wesentliche Aspekte erfährt der Verbraucher meiner Kenntnis nach nicht über deutsche Lebensmittel:

1. **Wo** Jod enthalten ist und 2. **Wieviel** Jod enthalten ist.

Die häufigste Frage, die an die Deutsche SHG der Jodallergiker, Morbus Basedow- und Hyperthyreosekranken gestellt wird, ist deshalb: „Können Sie mir sagen, welche Lebensmittel in Deutschland ohne künstliches Jod sind? Mein Arzt hat mir gesagt, ich darf nichts Jodiertes essen."

Aus diesem Grunde stellten Dr. Heinrich Pauli und Dagmar Braunschweig-Pauli M.A. erstmals 1996 für Betroffene den „Leitfaden einer von künstlichen Jodzusätzen freien Ernährung: Was wir noch essen können" zusammen. Nach mehreren Aktualisierungen dieser Liste mit nicht künstlich jodierten Lebensmitteln durch Dagmar Braunschweig-Pauli M.A. machen es die vielfältigen Produktveränderungen nötig, die wichtigsten Gesichtspunkte, anhand derer man künstlich jodierte Lebensmittel erkennen kann, in Form objektiver Kriterien als *8 Faustregeln* zusammenzustellen und für das Einkaufen von nicht künstlich jodierten Lebensmitteln verfügbar zu machen.

FAUSTREGEL I
Jodzusätze, die deklariert werden müssen

Künstliche Jodzusätze in Form von *Jodsalz* müssen auf verpackten, also in irgendeiner Weise handwerklich hergestellten und nicht lose verkauften Produkten deklariert sein, wenn sie bei der Produktion dem Produkt nachträglich, also künstlich, zugesetzt worden sind.

Diese deklarierungspflichtigen *Jodzusätze* können u.a. wie folgt auf den Produktetiketten deklariert sein:

Jodsalz (oft im Fettdruck), jodiertes Salz, jodiertes Speisesalz, jodiertes Kochsalz, Kochsalz jodiert, jodiertes Nitritpökelsalz, Jodat (weitere Joddeklarations-Variationen denkbar).

FAUSTREGEL II
Achtung verstecktes Jod möglich!

Jodzusätze, die nicht deklariert werden (müssen)

Was viele Betroffene und Gesunde nicht wissen: Jodsalz ist nicht die einzige Jodquelle in Lebensmitteln.

Wie bereits erwähnt, kann Jod über jodiertes Futter, über jodierte Mineralstoffvormischungen, in denen Jod als einer von mehreren Bestandteilen zwar enthalten ist, aber *nicht extra deklariert* werden muß, und über jodierte Lecksteine und jodierte Leckschalen für Nutzvieh, Geflügel und Wild von Anfang an in die Nahrungskette geraten.

Dieses künstliche Jod reichert sich im Tierkörper an und geht in die für die Lebensmittel genutzten tierischen Produkte wie Fleisch, Milch, Eier und Geflügel und deren Folgeprodukte über. Damit sind – mit wenigen, uns z. T. bekannten Ausnahmen – fast sämtliche deutschen, österreichischen und schweizerischen Fleisch- und Milchprodukte, Geflügel und Eier und deren Folgeprodukte bereits *vorjodiert*, ohne daß in der Deklaration erwähnt wird, daß überhaupt Jod und *wieviel* Jod enthalten ist.

Das wird auch so bei verpackten tierischen Produkten praktiziert. Die offizielle Version, daß sämtliche verpackte und jodierte Produkte deklariert sein müssen, wird dadurch meines Erachtens unterlaufen.

Über dieses indirekt über die Futtermittel in tierische Ausgangsprodukte gelangte Jod können verpackte, also deklarierungspflichtige Lebens- und Genußmittel wie z.b. Milch, Butter, Sahne, Joghurt, Quark etc., Eiernudeln, Saucen, Pizzen, Tiefkühlgerichte, Dosensuppen, Backmischungen, Schokolade, Kekse, Eis, Eierlikör sowie homöopathische Mittel wie Globuli etc. jodiert sein, *ohne* daß in der Deklaration das tatsächlich ebenfalls enthaltene Jod erscheint.

Dabei kann als enthaltenes *Salz* durchaus das nicht künstlich jodierte Speisesalz oder Kochsalz deklariert sein, was aber nicht darüber hinwegtäuschen darf, das dieses Produkt, auch ohne Jodsalz, trotzdem *Jod enthalten kann*, nämlich das *nicht deklarierte Jod über die Futtermittel, wenn die tierischen Ausgangsprodukte aus den vielfach Viehfutter jodierenden Ländern Deutschland, Österreich und der Schweiz stammen.*

Also: **ACHTUNG VERSTECKTES JOD MÖGLICH!**, wenn in der Zutatenliste von deutschen, österreichischen und schweizerischen Produkten *Ei-Bestandteile* als z.B. Ei/Vollei, Eipulver, Eigelbpuler, Hühnerei-Eiweißpulver, Trockeneigelb und Eiweiß, und *Milch-Bestandteile* als z.B. Molkereierzeugnis, Milch, Milchzucker, Milcheiweiß, Süßmolke, Süßmolkepulver, Magermilch, Magermilchpulver, Molke, Laktose. Käsepulver, Frischkäse, Aroma (mit Milch), Kann Spuren von Milchenthalten, Butter, tierische Fette, Sahne, Fleisch, Rinderfleisch, Schweinefleisch bzw. Schweineschmalz o.ä. deklariert sind.

Misch-Bestandteile werden wie folgt deklariert: Aroma (enthält Ei, Milch).

Auch wenn also bei diesen Produkten kein Jodsalz oder jodiertes Speisesalz deklariert ist, können diese Produkte doch das versteckte Jod, das über die meist noch jodierten Futtermittel in die Ausgangsprodukte eingegangen ist, enthalten.

Hinzu kommt der Aspekt des jodhaltigen Dunges* (zu jodhaltigem Dung s. Glossar) z.T. auch aus dem Biobereich:

Bodennahe Feldfrüchte wie z.B. Kartoffeln, Spargel, Möhren, Erdbeeren, Kräuter etc. aus Deutschland können leicht über derartigen, oft auch biologischen Naturdung mit Jod kontaminiert sein, weswegen diejenigen, die dieses künstliche Jod meiden müssen, bei deutschen Feldfrüchten und – gemüsen, vor allem auf die Düngung dieser Produkte achten müssen. Leider ist der deutsche Biobereich durch den nicht auszuschließenden Joddung für uns Jodempfindliche aus Sicherheitsgründen als Lebensmittelquelle fast völlig verschlossen.

Verinnerlichen Sie dieses Wissen, es kann für Sie gesundheitserhaltend und sogar lebensrettend sein: Ein Produkt kann demnach als Salz wirklich nur Speisesalz oder Kochsalz enthalten, und ist doch möglicherweise künstlich jodiert über das *versteckte, nicht deklarierte Jod* aus meist noch jodiertem Viehfutter und jodhaltigem (Natur)-Dung (s. Glossar).

Es ist meiner Meinung nach eine empfindliche Lücke im deutschen Verbraucherschutz, daß bei den tierischen Produkten wie Fleisch, Milch, Butter, Sahne etc. und Eiern weder das dem Viehfutter künstlich zugesetzte Jod, noch die daraufhin in den tierischen Produkten enthaltenen Jodmengen deklariert werden müssen!

Mit diesem Versäumnis ist offensichtlich einer nicht zu steuernden Überjodierung über die Lebensmittel Tür und Tor geöffnet worden, die, wie an den explodierenden Schilddrüsenerkrankungen zu sehen ist, eine Vielzahl von jodinduzierten Schwerst-Erkrankungen nach sich zieht.

FAUSTREGEL III
Ausländische Produkte*

* Alle Angaben ohne Gewähr!

Zwar ist die Jodierung der Lebens- und Futtermittel eine EU-Maßnahme, aber nicht alle EU-Länder setzen diese Maßnahme so „flächendeckend" und nahezu unausweichlich (die mir bekannten Ausnahmen s. Adressteil) um wie gerade Deutschland.

Aber auch in *Österreich* und der *Schweiz* werden Lebens- und Futtermittel noch vielfach jodiert, so dass auch bei Produkten aus diesen Ländern auf den Umstand der eventuell *vorjodierten* tierischen Ausgangsprodukte geachtet werden muß.

Erfahrungsberichte von Jodgeschädigten, Jodallergikern, Menschen mit Morbus Basedow und Morbus Hashimoto und Heißen Knoten sowie anderen Erkrankungen, bei denen Jod kontraindiziert ist besagen dagegen, dass – bis jetzt! Änderungen sind leider immer möglich! – tierische Produkte wie Fleisch, Milch etc. aus z.B. Frankreich, Belgien, Italien, Spanien, Portugal, England, Schottland, Irland, Polen, den Baltischen Staaten, Argentinien, Neuseeland, Ägypten, Zypern, Israel, Marokko, um nur einige Länder zu nennen, vertragen worden sind.

Auch Obst und Gemüse und Kartoffeln aus diesen Ländern wird vertragen, weil nicht dem *Joddung* – wie bei uns zum Teil auch im Biobereich – und anderem möglicherweise jodhaltigen Düngemittel ausgesetzt.

Warum es die positiven Erfahrungen von Jodallergikern und Jodempfindlichen mit ausländischen Milchprodukten, z.B. Milch, Butter, Sahne, Joghurt, Quark und Käse aus Frankreich, gibt, erklärt eine Studie der Eidgenössischen Forschungsanstalt *Agroscope Liebefeld-Posieux* aus dem Jahre 2008, aus der hier deshalb ausführlich zitiert wird.

Laut dieser Studie „wird die Verwendung von jodiertem Salz wieder in Frage gestellt. Gemäß einer Stellungnahme der französischen Behörden ist die Anwendung von jodiertem Salz in verarbeiteten Lebensmitteln in Frankreich verboten. Dieses Verbot gründet auf dem Bericht „Entwicklung der ernährungswissenschaftlichen Auswirkungen der Einführung von jodierten Lebensmittelkomponenten" der französischen Lebensmittelsicherheitsbehörde AFSSA (Agence Française de Sécurité Sanitaire des Aliments). In diesem Bericht ist geschrieben, dass die systematische Verwendung von jodiertem Salz in verarbeiteten Lebensmitteln die Bevölkerung dem Risiko einer Überschreitung der oberen Sicherheitsgrenze für Jod aussetzt.

In anderen Exportländern muss die Verwendung von Kochsalz mit Jod- und Fluorzusatz bei verpacktem Käse deklariert werden (siehe unter Punkt 8.1 „Deklaration"). Das bedeutet, dass die Exporteure bei jeder Käsecharge informiert sein müssen, ob jodiertes und/oder fluoridiertes Salz verwendet wurde. Heutzutage haben Käseaffineure und -händler mit der Trennung der Käse je nach verwendeter Salzsorte einen hohen zusätzlichen Arbeitsaufwand zu leisten.

Empfehlung von ALP:
Auf Grund der Tatsache, dass die Verwendung von jodiertem Kochsalz in der Fabrikation von Hart- und Halbhartkäse" (von) „bescheidenem Nutzen für die Konsumentinnen und Konsumenten ist (Jod reichert sich im nicht essbaren Teil an) und wegen der Deklarationspflicht bzw. des Verbotes von jodiertem Kochsalz in verarbeiteten Lebensmitteln in vielen Exportländern empfiehlt ALP den Käsereien, nur noch Salz ohne Jod- und Fluorzusatz zu verwenden."
(Fettdruck durch d. Verlag für die durch farbliche Unterlegung und Kasten im Originalsatz hervorgehobene Empfehlung der ALP)

In der Zusammenfassung dieses Kapitels wird deshalb klar und deutlich gesagt, daß „bei der Käseherstellung... die Verwendung von Kochsalz mit Jod- und Fluorzusatz aufgrund der gesetzlichen Vorgaben in verschiedenen Exportländern nicht mehr empfehlenswert" ist. (Zitiert aus: Studie der Eidgenössischen Forschungsanstalt **Agroscope Liebefeld-Posieux**, 2008, Abs. 9 Verwendung von jodiertem Salz, S. 15, Abs. 10 Zusammenfassung, S. 16.)

FAUSTREGEL IV
Nationalitätenkennzeichen,
die Jodbetroffene unbedingt kennen sollten*

*Ohne Anspruch auf Vollständigkeit und ohne Gewähr

Überregional aus allen europäischen Ländern vertriebene Fleisch- und Milchprodukte sowie Lebensmittel, in denen diese Zutaten verarbeitet sind, führen ein **ovales** Nationalitäten-Kennzeichen wie z.B. „F", Ⓕ, das zur Identifzierung unjodierter Produkte unerläßlich ist. Es befindet sich oft **an versteckter Stelle** auf der Verpackung.

ACHTUNG: auch hierbei muß auf Details geachtet werden, die leicht zu Fehleinschätzungen führen können. Beispielsweise gibt es bei irischer Butter eine irreführende Besonderheit, auf die hier hingewiesen werden muß: die nicht künstlich über das Futter jodierte irische Butter wird in Containern nach Deutschland transportiert und erst hier verpackt, weswegen auf dem ovalen Nationalitäten-Kennzeichen ein „D" für Deutschland steht, was wir aber nicht für korrekt halten. Eigentlich müßte die ja nur in Deutschland verpackte irische Butter das Nationalitäten-Kennzeichen „IE" für Irland tragen, denn das Produkt, dessen Herkunft damit bezeichnet wird, stammt ja aus Irland, und nicht aus Deutschland.

Dieses „D" bezieht sich also nur auf die für den Verzehr unerhebliche Verpackung.

Der Verpackungsinhalt, also die Butter, stammt original aus Irland und wird – bis jetzt – von allen mir bekannten Jodallergikern gut vertragen.

Produkte mit Fleisch- und Milchbestandteilen sowie Eiern, außerdem Obst und Gemüse und Kartoffeln aus den hier nachfolgend aufgeführten Ländern sind auf Grund von positiven Erfahrungen von Jodgeschädigten gut verträglich, weil sie offensichtlich weder über das Viehfutter noch den Joddung jodiert sind. Ist auf ihnen nur Salz oder Kochsalz (manchmal sogar schon mit dem Zusatz „unjodiert") deklariert, kann man davon ausgehen, daß diese Produkte aller Wahrscheinlichkeit nach auch kein verstecktes Jod enthalten.

AR (Argentinien)
AU (Australien)
BE (Belgien)
BO (Bolivien)
BR (Brasilien)
BY (Weißrussland)
CA (Kanada)
CL (Chile)
CO (Kolumbien)
CU (Kuba)
CY (Zypern)
DK (Dänemark)
DZ (Algerien)
EG (Ägypten)
ES (Spanien)
Est (Estland)
FR oder F (Frankreich)
GB und UK (England)
GR/HE/EL (Griechenland)
HU (Ungarn)

IE (Irland)
IL (Israel)
IT oder I (Italien)
JO (Jordanien)
LV (Lettland)
LT (Littauen)
MA (Marokko)
NL (Niederlande)
NZ (Neuseeland)
PL (Polen)
PT (Portugal)
RU (Russland)
SE (Schweden)
SY (Syrien)
TN (Tunesien)
UA (Ukraine)
UY (Uruguay)
VE (Venezuela)
YU (Jugoslawien)
ZA (Südafrika)

Die Herkunftsbezeichnung „EU" ist unbrauchbar, weil sich dahinter u.U. auch deutsche, also meist jodierte Produkte verstecken können.

FAUSTREGEL V
Jodhaltige Inhaltstoffe wissen und erkennen

Jod (z. T. auch natürliches Jod) ist in:

a) *E 127 (= Erythrosin)*. Der rote Lebensmittel-Farbstoff ist möglicherweise enthalten in: - roten Cocktailkirschen, Kuchen mit roter Glasur, Gebäck, Marmelade, Ummantelung von Dragees und Medikamenten-Kapseln, in Salbe. Muß deklariert werden.

b) *Agar-Agar (= E 406)* wird aus jodhaltigen Rotalgenarten gewonnen und kommt als Geliermittel z.b. in Marmeladen, Konfitüren, Gelees, Süßwaren, Joghurt, Würzzubereitungen, Aufgüssen und Überzügen für Fleischerzeugnisse vor. Wird auch als Klärmittel in der Herstellung von Obstweinen und als Trägerstoff für Aromen und Zusatzstoffe benutzt. Muß deklariert werden.

c) *Algen (= Alginat)*, die in Lebensmitteln, aber auch in Spülmitteln enthalten sein können.

d) *Carrageen (= E 407)*, Stabilisator u.a. in Sahne, leider auch in der irischen Sahne (mit ovalem Nationalitätenkennzeichen „IE"), wodurch dieses ursprünglich nicht künstlich jodierte Milchprodukt leider nachträglich zusätzliches Jod erhält. Muß deklariert werden.

e) ***Deutsche Gelatine, die aus Rinderknochen gewonnen wird***, enthält das Jod über das eventuell zugefütterte Jod, das sich dann auch in den Knochen eingelagert hat.

g) *Heilbäder:* u.a. Bad Aachen, Bad Kissingen, Bad Abbach, Bad Gögging, Bad Birnbach, Bad Füssing, Bad Griesbach, Bad Endorf, Bad Tölz, Bad Wiessee, Bad Heilbrunn, Tegernsee, Mur-, Fett- und Friedrichsquelle in Baden-Baden. (s. Dagmar Braunschweig-Pauli: Jod-Krank. Der Jahrhundertirrtum, 1. Aufl. 2000, S. 118, 2. akt. Neuaufl., Trier 2007, S. 100, 242).

h) *Mineralquellen:* u.a. Friedrich-Christian-Heilquelle, Selters a.d.Lahn, Georg-Viktor-Quelle, Helen-Quelle und Reinhards-Quelle Bad Wildungen, Kurselter Bad Camberg, Römer Brunnen Bad Vilbel, St. Antonius Warburg, St. Gero Gerolstein, Staatl. Fachingen Mainz, Victoria Lahnstein, Vulkania Heilwasser Dreis/Eifel.

j) *Impfstoffen*, die u.a. auf *Hühnereiweiß* (z.B. Gelbfieber-Influenza-Impfstoff; Schweinegrippe-Impfstoff) und anderen *tierischen* Stoffen basieren.

k) *Blut- und Gewebespenden sowie Organtransplantationen* (s. „Blut- und Gewebespende und Organtransplantationen", genannt in: Jod-Krank. Der Jahrhundertirrtum, 2. akt. Neuaufl. Trier 2007, S. 220)

l) *Diagnostika und Medikamenten und Verbandsmaterial*, z.B. für Verbrennungen u. Hauttransplantationen sowie Zahntampons für Zahnwunden.

ES GILT UNBEDINGT ZU BEACHTEN: bei allen medizinischen Maßnahmen müssen Jodempfindliche *immer ganz genau nachfragen, ob in den für ihre Diagnose bzw. Therapie notwendigen Materialien auch garantiert kein Jod enthalten ist!*

m) In der Regel sind **Kosmetika** und **Pflegemittel** für Jodempfindliche verträglich, bis auf wenige Ausnahmen, die aber deklariert werden müssen. Vorsicht ist bei Produkten aus Meerwasser geboten (z.b. aus dem Toten Meer)

n) **Zahnpasta** kann Jod oder sogenannte „halogenorganische" Substanzen enthalten, was aber deklariert werden muß. Vorsicht auch, wenn Fluor deklariert ist. Fluor ist ein Halogen wie Jod, und bei einer Unverträglichkeit gegen ein Halogen besteht die Gefahr, auch auf die anderen Halogene mit Unverträglichkeit zu reagieren.

o) In **Multivitamin + Mineralpräparaten** ist oft Jod enthalten, muß aber deklariert werden.

p) Auch **Salzkristall-Leuchten** und **Salzkristall-Teelichter** und andere Deko-Artikel aus **Salzkristallen** etc. können Jod enthalten und an die Atemluft abgeben, sogar, wenn die Leuchten nicht brennen.

q) Folgende **E-Nummern** sind über ihre Herkunft aus Algen jodhaltig: E 400 (=**Alginsäure**), E 401 (=**Natriumalginat**), E 402 (=**Kaliumalginat**), E 403 (=**Ammoniumalginat**), E 404 (=**Calciumalginat**), E 405 (=**Propylenglycolalginat**), E 406 (=**Agar-Agar**), E 407 (=**Carrageen**), E 407a (=**Euchema Algen**) (s. unter Eingabe der Zusatzstoffe in der Suchmaske auf www.zusatzstoffe-online.de/Zusatzstoffe Stand 19. Juli 2006)

r) Für extrem Jodempfindliche kann eventuell auch die geringe natürliche Jodmenge von **Meersalz** bereits zu Reaktionen führen.

FAUSTREGEL VI
Kontakt-Jodierung

Wir alle leben in einer geradezu „*durchjodierten*" Umgebung, und überall dort, wo mit Jodsalz gekocht und gewürzt wird, und wo Menschen und Tiere jodierte Lebens- und Futtermittel verzehren, kann es zu – für Jodempfindliche z.T. lebensgefährlichen - Kontakt-Jodierungen kommen, wenn

a) unjodierte Produkte wie Brot, Wurst, Käse etc. mit demselben Messer bzw. derselben Schneidemaschine geschnitten werden, mit dem vorher jodierte Lebensmittel geschnitten worden waren;

b) es zu Körperkontakten zwischen Menschen, die sich jodiert ernähren und Tieren, die jodiert gefüttert werden und Jodempfindlichen kommt, vom Händedruck und Streicheln angefangen; Familienangehörige von Menschen, die kein künstliches Jod vertragen, sollten deshalb ebenfalls auf die künstliche Jodierung verzichten, aus Rücksicht und im Interesse des harmonischen und gesunden Zusammenlebens.

Da jedoch niemand die **unphysiologischen, unbekannt hohen künstlichen Jodmengen** in den Lebens- und Futtermitteln braucht, ist diese Rücksichtnahme auch im Interesse der Gesundheit derjenigen, die – noch! – nicht jodkrank sind.

c) Jodempfindliche jodierte Tiere streicheln, pflegen etc. Hier hilft nur, das Tier, mit dem man Kontakt hat, auf nicht künstlich jodiertes Futter umzustellen.

Auch hier gilt: unbekannt hohe Jodzusätze schaden auch den Tieren. Wenn auf die unbekannt hohen Jodzusätze im Tierfutter verzichtet wird, kann das auch für die Gesundheit der Tiere gut sein.

FAUSTREGEL VII
Joddämpfe

Werden Stoffe, auf die Menschen mit Krankheitssymptomen und allergisch reagieren, über die **Atemluft** aufgenommen, kommt es besonders schnell zu Reaktionen, bis hin zum **akut lebensbedrohlichen anaphylaktischen Schock.**

Auch über die Atemluft aufgenommenes Jod, sogenannte „**Joddämpfe**", führt deshalb oft innerhalb von Minuten zu heftigen Sofortreaktionen wie Atemnot und Augenbrennen, und zu lebensbedrohlichen Zuständen wie **Kehlkopfschwellung, Larynxödem, Herzrasen, Kreislaufkollaps, Erbrechen, Kolik und Koma.**

Treten solche Symptome auf, muß unverzüglich ein Notarzt gerufen werden. Menschen mit diesen Symptomen schweben in akuter Lebensgefahr!

a) Diese **Joddämpfe** entstehen beim Kochen und Backen mit Jodsalz.

Aufenthalte in Restaurants, Kantinen, Gasthäusern, Krankenhäusern und Seniorenstiften etc., die Jodsalz verwenden, können auf Grund der dort freigesetzten Joddämpfe bei Betroffenen zu teilweise sehr schweren Krankheitsverläufen führen, ohne dass jedoch erkannt wird, daß diese plötzlichen Zusammenbrüche wahrscheinlich auf die Joddämpfe zurückgeführt werden könnten.

b) **Salzkristall-Leuchten und Salzkristall-Teelichter,** auch möglicherweise **Duftkerzen** (u.a. rote) geben ebenfalls Ionen an die Atemluft ab, die u.U. die oben beschriebenen Symptome bei Jodempfindlichen auslösen können.

c) Wer auf Jod mit Krankheitssymptomen reagiert, sollte deshalb vorsichtshalber immer nachfragen, ob bei seinem Gastgeber, seinem Arzt, in seinem Krankenhaus, in seinen Einkaufsläden etc., wohin er eben gehen möchte, Joddämpfe entstehen können, entweder durch die Verwendung von Jodsalz oder durch Salzkristall-Leuchten und Duftkerzen, die entweder nur zur Dekoration aufgestellt sind, oder brennen oder unverpackt zum Verkauf angeboten werden.

FAUSTREGEL VIII
Verdeckte* Jod-Fallen

Das *evangelische Abendmahl* wird oft in Form von echtem *Brot* gereicht, das auf Grund der fast vollständigen Jodierung der deutschen Lebensmittel aller Wahrscheinlichkeit nach jodiert ist.

Sprechen Sie mit Ihrem Pfarrer und machen Sie ihn auf das Problem aufmerksam, dass durch jodiertes Brot die jodempfindlichen (aber auf längere Sicht nicht nur diese!) Gottesdienstbesucher gesundheitlich geschädigt werden, und daß jodiertes Brot grundsätzlich nicht der christlichen Mahlgemeinschaft entspricht.

In *roten Duftkerzen* ist Jod möglicherweise über den roten Farbstoff Erythrosin (= *E 127*) enthalten.

Jodallergiker berichten über totale Kreislaufzusammenbrüche nach dem Einatmen von Luft in Räumen, in denen rote Duftkerzen brannten.

Wenn Sie auf *Eier* mit Jodsymptomen reagieren, und Ihr Geflügelbauer versichert glaubhaft, kein jodiertes Futter oder jodierte Mineralstoffvormischungen - bei denen allerdings das Jod nicht eigens deklariert werden muß! - zu füttern, sollten Sie ihn fragen, ob seine Hühner aber *Brot* bekommen, vielleicht von wohlmeinenden Nachbarn gesammelt? Leider wird Brot und andere offen oder verpackt verkaufte Backwaren immer noch oft jodiert, so daß bei Backwaren jedweder Art die Gefahr nicht ausgeschlossen werden kann, daß jodierte Produkte dabei sind.

Eine weitere Möglichkeit für eine *nicht deklarierte Jodierung* besteht durch *Joddung, jodhaltiges Trinkwasser und Dünger mit Restjod aus röntgenkontrastmittelhaltigen Krankenhausabwässern.* (s. Glossar)

Joddung entsteht, wenn mit Mist/Dung von jodierten Kühen und Pferden – leider auch oft im Biobereich - Feldfrüchte, also Kartoffeln, Möhren, Salat, Spargel, Kräuter etc. und Obst wie Erdbeeren gedüngt werden. Dadurch kann das künstliche Jod auch in diese Produkte gelangen.

Jodhaltiges Trinkwasser entsteht durch den Eintrag von kontaminiertem Jod in *die Nahrungskette* und zwar durch Rückstände aus *röntgenkontrastmittelhaltigen Krankenhausabwässern*: „Am „Institut für Umwelttechnik, Fachbereich Ingenieurwissenschaften, Martin-Luther-Universität Halle-Wittenberg", D-06099 Halle/Saale, wurde „ein neues Verfahrenskonzept zur Jodrückgewinnung aus röntgenkontrastmittelhaltigen Krankenhausabwässern vorgestellt." Diese waren bisher in den kommunalen Abwasserreinigungsanlagen lediglich verdünnt worden. „Folglich sind sie in vielen Oberflächengewässern im µg/l Konzentrationsbereich nachweisbar. Wenn die RKM sich in der Natur gegenüber der Einwirkung von Mikroorganismen auch als persistent erweisen, so können sie doch unter photolytischen Bedingungen dejodiert werden. ... Ihr unpolarer Charakter führt jedoch dazu, daß sie bei der Aufbereitung von RKM-haltigem Wasser zu Trinkwasser nicht entfernt werden, so daß sie auch in Trinkwasser nachgewiesen worden sind." (In: Mathias Reisch/Andre Knorr/Dietlinde Großmann/Heinz Köster: „Zur Jodrückgewinnung aus Krankenhausabwässern", GWF Wasser-Abwasser 144 (2003) Nr. 5, S. 359)."

Joddünger kann aus dem nach dem Jodrecyclingsverfahren verbleibenden Abwasser entstehen: „Ein wesentlicher Gesichtspunkt für eine Jodrückgewinnung wäre nach dieser Studie auch der hohe „Rohjodpreis von ca. 17 Euro/kg". Jod gilt demzufolge als „ein ausgesprochen teurer Rohstoff." (in: GWF Wasser-Abwasser 144 (2003) Nr. 5, S. 360). Das Recyclingverfahren ermöglicht ... „die Freisetzung des in Röntgenkontrastmitteln gebundenen Jods als Jodid... Das verbleibende weitgehend jodfreie Abwasser hat das Potential, als Stickstoff- und Kalidüngemittel verwertet zu werden." (ebd. S. 359).

„Weitgehend jodfrei" heißt leider, daß immer noch radioaktives Jod (aus den röntgenkontrastmittelhaltigen Krankenhausabwässern, Anm.d. Aut.) in denjenigen Abwässern enthalten ist, die als Düngemittel verwandt werden dürfen. Und so kommt unkontrollierbares (strahlenbelastetes?) Jod aus Röntgenkontrastmitteln (=RKM) leider doch in die Nahrungskette." (Alles zitiert aus: Dagmar Braunschweig-Pauli: „Jod-Krank. Der Jahrhundertirrtum, 2. Neuaufl. Trier 2007, S. 138ff.)

Auch *Leckerli* für Ihr Haustier kann u.U. jodiert sein. Wenn Sie bei Ihrem Haustier bereits auf nicht künstlich jodiertes Futter geachtet haben und Sie trotzdem Jodsymptome entwickeln, wenn Sie es streicheln und pflegen, sollten Sie die Deklaration der Leckerli studieren.

Pferdeleckerli z. B. können jodiert sein.

Auch *Medikamente* können z.B. durch rote Dragee-Umhüllungen jodiert sein, wenn diese den Farbstoff *E 127* (= Erythrosin, das jodhaltig ist) enthalten.

Die Deklaration von *Milch-Bestandteilen* als Molkereierzeugnis, Milch, Milchzucker, Milcheiweiß, Süßmolke, Süßmolkepulver, Magermilch, Magermilchpulver, Molke, Laktose, Käsepulver, Frischkäse, Aroma (mit Milch), Kann Spuren von Milch enthalten, Butter, tierische Fette, Sahne, Fleisch, Rinderfleisch, Schweinefleisch bzw. Schweineschmalz o.ä. auf deutschen Produkten ist gleichbedeutend mit einem Warnsignal: denn mit deutschem, meist über das Futter jodiertem tierischem Ausgangsprodukt kann in dem so deklarierten Lebensmittel ein künstlich jodiertes Ausgangsprodukt enthalten sein.

Die Deklaration von *Ei-Bestandteilen als Ei / Vollei, Eipulver, Eigelbpulver, Hühnerei-Eiweißpulver, Trockeneigelb und Eiweiß* auf deutschen Produkten kann ebenfalls bedeuten, daß wahrscheinlich ein über das Futter künstlich jodiertes Ausgangsprodukt in Form von deutschem Ei enthalten ist. *AUSNAHME*: der Hersteller bestätigt Ihnen schriftlich, daß er unjodierte Eier, möglicherweise aus dem Ausland wie Frankreich und Italien, verwendet.

Die in vielen Geschäften – vor allem Einrichtungs- und Warenhäusern -, Wohnungen, Geschäfts- und Praxisräumen zur Dekoration aufgestellten *Salzkristall-Leuchten* oder *Teelichter aus Salzkristallen* können *Jodionen* ausdünsten, auch wenn diese Lampen/Teelichter nicht brennen.

Die uns bekannt gewordenen Sofortreaktionen sind: Augenbrennen (= Sandkorngefühl), Atemnot, Kehlkopfschwellung (Erstickungsgefahr!) und Kreislaufzusammenbrüche.

Zahntampons, die nach Zahnextraktionen in die Wunde gelegt werden, können jodhaltig sein. Erkundigen Sie sich unbedingt bei Ihrem Zahnarzt danach, weisen Sie ihn auf Ihre *lebensbedrohliche* Jodunverträglichkeit hin und bitten Sie ihn um unjodierte Wundeinlagen.

Nachtrag für Hochempfindliche bzw. Jodallergiker

Wenn die oben aufgeführten Vorsichtsmaßregeln für Sie noch nicht ausgereicht haben, um bei Ihnen alle jodinduzierten Symptome zu verhindern, sind wahrscheinlich die folgenden Hinweise, die von Hochempfindlichen und Jodallergikern beachten werden, für Sie wichtig:

a) Durch *Joddämpfe*, die über die Luft verbreitet werden, kommt es auch zu Jod-Anhaftungen an Gegenständen, die diesen Joddämpfen ausgesetzt sind. Diese Gegenstände müssen erst von den *Jodkontaminationen* gesäubert werden, ehe jodempfindliche Menschen sie anfassen können.

b) Auch die *Entlüftung von Backstuben* z.B. kann zum Gesundheitsproblem werden, wenn in der Backstube mit jodiertem Salz gebacken wird, und die Abluft aus so einer Backstube – auf der Straße oder im Hof etc. - von Jodempfindlichen ahnungslos eingeamtet wird. Dadurch kann es zu schweren Krankheitssymptomen wie z.B. *Atemnot, Kehlkopf-Ödem und totalen Kreislaufzusammenbrüchen bis hin zum Koma* kommen! Also: Vorsicht beim Vorbeigehen an unbekannten Backstuben, aus denen Backdunst austritt! Jodhaltiger Backdunst kann zu schwersten Kreislaufzusammenbrüchen führen, wenn ein Jodempfindlicher ahnungslos auf der Straße vorbeigeht und diese jodhaltige Abluft aus Backstuben *einatmet!*

c) Jodempfindliche im engeren Raume Jodausdünstungen von Menschen ausgesetzt sind, die sich jodiert ernähren. Jod wird auch ausgeatmet und über Schweiß ausgeschieden.

d) Jodempfindliche Türklinken oder Haltegriffe anfassen, die vorher von Menschen angefasst worden waren, die vielleicht gerade ein jodiertes Brot gegessen und somit noch Jodspuren an den Händen hatten. Aber auch jodhaltiger Schweiß kann auf diese Weise übertragen werden.

e) Sämtliche Körperflüssigkeiten sind jodhaltig, wenn der Betreffende jodierte Lebensmittel zu sich nimmt. Dazu gehören außer Schweiß noch Speichel, Tränen, Blut und Sperma. Der **Körperkontakt** zwischen Menschen, die sich jodiert ernähren und Hoch- Jodempfindlichen und Jodallergikern kann deshalb bei letzteren durch die jodhaltigen Körperflüssigkeiten und Ausdünstungen ihrer Partner zu schweren Krankheitssymptomen führen.

Die Rücksicht auf den Jodempfindlichen bzw. bereits Jodkranken macht es jedoch selbstverständlich, daß sich auch seine Familie unjodiert ernährt, zumal damit auch für diese nahestehenden Personen eine vorbeugende Gesundheitsmaßmahme verbunden ist. Denn jodinduzierte Erkrankungen sind meist chronisch, führen oft zu Berufsunfähigkeit und Frühverrentung und gehören zu den kostenintensivsten Erkrankungen in Deutschland und allen Ländern, in denen jodiert wird. Durch die Rücksichtnahme auf bereits jodkranke Familienmitglieder können diese jodinduzierten Erkrankungen bei noch Gesunden oft jedoch von vornherein vermieden werden!

* Alle Angaben erheben auf Grund des vielfältigen Eintrages von künstlichem Jod in Lebens- und Gebrauchsmittel keinen Anspruch auf Vollständigkeit

II. REZEPTTEIL

 ERSATZ-MILCH

🕐 Wenige Minuten   ⬤ leicht

Zutaten für 1 Liter unjodierte Milch:
300 g original italienischer
Mascarpone,
Marke „Galbani"
700 ml frisches, kaltes Wasser
oder
stilles Wasser, z.B. Volvic

• Im ungefähren Mischungsverhältnis 1/3 Mascarpone zu 2/3 Wasser erhält man eine sähmige, köstlich frisch schmeckende Ersatz-Milch. Dazu den Mascarpone nach und nach zusammen mit dem löffelweise hinzugegebenen Wasser verrühren, fertig!

Quelle: Dagmar Braunschweig-Pauli M.A., 13. Mai 2009

Anmerkung: Diese unjodierte Ersatz-Milch ist hervorragend für alle diejenigen Speisen geeignet, für die sonst normale Milch verwendet wird, welche wir wegen des Mangels an nicht künstlich jodierter Milch viele Jahre in Deutschland gar nicht mehr zubereiten konnten, es sei denn, man fuhr zum Einkauf von nicht künstlich über das Viehfutter jodierter Milch (s. Glossar unter „Milchtourismus") ins benachbarte Ausland wie z.B. Luxemburg, Frankreich, Polen, England, Holland, Belgien und Ungarn.

 SAURE ERSATZ-SAHNE

🕐 Ca. 10 Minuten   ⬤ leicht

Zutaten für 1/4 l
unjodierte Saure Ersatz-Sahne:
200 g echte französische
Crème Fraîche
(Marke: Président)
1-2 EL frischer Zitronensaft
oder Wasser

• Die original französische Crème Fraîche, zusammen mit dem frischen Zitronensaft oder dem Wasser so lange mit einem Schneebesen rühren, bis eine feste cremige Masse entstanden ist. Dann ist die unjodierte saure Ersatzsahne auch schon fertig!

Quelle: Dagmar Braunschweig-Pauli M.A.,13. Mai 2009

 SÜSSE ERSATZ-SAHNE

⏱ Ca. 10 Minuten   ▯ leicht

- Den Mascarpone zusammen mit dem Wasser oder dem frischen Zitronensaft und dem Vanillezucker
- so lange mit einem Schneebesen rühren, bis eine noch feste, cremige Masse entstanden ist. Und fertig ist die köstlichste Ersatz-Sahne, die man sich nur wünschen kann!

Quelle: Dagmar Braunschweig-Pauli M.A., 13. Mai 2009

Zutaten für 1/4 l unjodierte Süße Ersatz-Sahne:

200 g	*original italienischer Mascarpone Marke „Galbani"*
1-2 EL	*frisches Wasser oder Zitronensaft*
1	*Tütchen echter Bourbonvanille-Zucker*

Eigentlich alle Erfindungen oder Entdeckungen gehen darauf zurück, daß man dringend, oft verzweifelt, nach einem Ausweg aus einer schwierigen oder bedrohlichen Situation sucht – und diesen endlich auch findet.

Bei mir war es der sehnliche Wunsch, die frischen spanischen Erdbeeren mit Schlagsahne essen zu können, der mich auf die zündende Idee mit der Ersatz-Sahne, und später dann Ersatz-Milch brachte.

Ich hatte längere Zeit keine Gelegenheit gehabt, nach Luxemburg zu fahren, um unjodierte französische Schlagsahne zu kaufen, wollte aber unbedingt Schlagsahne zu meinen Erdbeeren haben. Da kam mir der Gedanke, daß Sahne ja sozusagen aus „reduzierter" Milch besteht, indem man ihr Flüssigkeit entzogen hat. Warum also nicht durch Hinzufügen von Wasser aus einem festeren Milchprodukt wie Crème Fraîche oder Mascarpone eine Art Sahne, eine Ersatzsahne, machen?

Gedacht, getan: durch Hinzufügen von etwas kaltem Wasser zum italienischen Mascarpone entstand durch fleißiges Rühren mit einem Rührbesen (–Rührgerät war gar nicht nötig-) eine sahneartige Creme, die, mit etwas Vanille-Zucker, einfach göttlich-köstlich zu den Erdbeeren schmeckte. Auch Ersatz-Sahne aus Crème Fraîche mit Vanillezucker schmeckt wunderbar zu Erdbeeren.

Es besteht trotzdem ein deutlicher Unterschied zwischen den beiden genannten Ausgangsprodukten: Crème Fraîche hat einen leicht saueren Geschmack und die aus ihr hergestellte Ersatzsahne eignet sich deshalb vorzüglich als Ersatz für saure Sahne.

Crème Fraîche ergibt also sozusagen eine „saure Ersatzsahne".

Mascarpone dagegen ist richtig süß, und die aus ihm hergestellte Ersatzsahne ersetzt süße Sahne einfach perfekt.

VORSPEISEN

🍴 BOHNEN IM SPECKMANTEL

Ca. 20 Minuten | 4 Personen | leicht

80	frische junge Keniaböhnchen
8	Scheiben Frühstücksspeck
	oder roher Schinken
	Olivenöl
8	Zahnstocher

• Die Böhnchen blanchieren und abtropfen lassen.
• Dann je 8 - 10 Böhnchen in eine Scheibe Speck einwickeln, mit Zahnstocher feststecken
• und in einer Pfanne mit erhitztem Olivenöl knusprig braten.

Quelle: Tannja Decker, Trier

Rezept-Variation mit Datteln:
8 Datteln (ohne Kern = Solomon-Datteln) in Schinken einwickeln, mit Zahnstochern feststecken und in Olivenöl knusprig braten

🍴 DATTELN MIT ROQUEFORT GEFÜLLT

Ca. 5-8 Minuten | 4 Personen | leicht

8	Datteln (ohne Kern),
	z.B. israelische Solomon-Datteln
100 g	französischer Roquefort-Käse
8	Stengel Schnittlauch

• Die entkernten Datteln an einer Seite aufschneiden,
• mit etwas Roquefort befüllen,
• und mit einem Stengel Schnittlauch zubinden. Fertig! Köstlich!

Quelle: Gabriele Rüffer, „Die Zwiebel", Trier

34

VORSPEISEN

🍴 GEFÜLLTE AVOCADO

🕐 Ca. 15 Minuten   👤 4 Personen   ⬜ leicht

- Die Avocados aufschneiden und die Steine entfernen.
- Die Innenseiten der Avocado-Hälften leicht mit dem weißen Pfeffer bestreuen.
- Tomate, Paprika und Oliven klein schneiden,
- mit der Crème Fraîche verrühren, mit Salz abschmecken
- und diese Füllung gleichmäßig in die 4 Avocado-Hälften geben.
- Den italienischen Scamorze darüber reiben und mit Petersilie verzieren – fertig.

2	*reife Avocados*
1	*Tomate*
1	*Paprika*
	Oliven
4 EL	*französische Crème Fraîche*
	italienischer Scamorze
	unjodiertes Salz
	weißer Pfeffer
	frische Petersilie

Quelle: mündlich

Serviervorschlag:
Zu den gefüllten Avocados schmeckt krosses Baguette mit Knoblauch-Butter.

SUPPEN*

🍴 BORSCHTSCH
Russische Gemüsesuppe

⏱ Ca. 2 Stunden   👤 4 Personen   📎 mittel schwer

1 L	Wasser
500 g	Rindfleisch (evtl. Beinscheibe)
6	mittlere Kartoffeln
1	kleiner Weißkohl
2	Gemüsezwiebeln
5	mittelgroße Möhren
1	rote Paprika
1	rote Beete
50 g	irische Butter
	Petersilie
	Unjodiertes Salz/Siedesalz
	schwarzer Pfeffer

- 1 EL Salz in 1 l kaltes Wasser geben, das Rindfleisch darin ansetzen und ca. 1 bis 1 1/2 Stunden kochen lassen;
- nach ca. 1 Stunde die Zwiebeln hacken und in der irischen Butter andünsten;
- dann das Gemüse waschen, schälen und schneiden, den Weißkohl reiben und alles zusammen zu den Zwiebeln in den Topf geben, ca. 10 Minuten garen lassen,
- und dann zuerst mit 1 Tasse bzw. 2 Suppenkellen Rinderbrühe ablöschen und aufkochen lassen;
- nach und nach die restliche Rinderbrühe und das klein geschnittene Rindfleisch hinzugeben,
- und schließlich die Suppe mit Salz und schwarzem Pfeffer abschmecken.
- Die gehackte Petersilie wird dazu gegeben, nachdem der Suppentopf vom Herd genommen worden ist.

Quelle: Familienrezept von Irina A.

---

* Vergewissern Sie sich, daß das Suppenfleisch von Tieren stammt, die ohne jodiertes Futter gefüttert worden sind.

SUPPEN

🍴 ERBSENSUPPE
Rezept nach Großmutter Frieda

🕐 Ca. 1 1/2 Stunden 👤 4 Personen 🔥 mittelschwer Vorsicht: brennt leicht an!

• Die frischen Erbsen aus ihren Schalen lösen, waschen, in einen Topf geben und mit ca. 1L Wasser ca. 1 Stunde bei mittlerer Hitze unter regelmäßigem Umrühren (Achtung: Erbsen brennen schnell an!) garen.
• Dann die geschälten Kartoffeln in Salzwasser kochen und das in Würfeln geschnittene Kasseler in ca. 1L Wasser erhitzen.
• Währenddessen die Butter zerlassen und mit dem Mehl eine Einbrenne anrühren und darin die klein geschnittenen Zwiebeln und Möhren langsam dünsten.
• Die gegarten Erbsen werden durch ein Sieb gedrückt und als Erbsenmus löffelweise in diese Möhren-Zwiebel-„Einbrenne" hinzugegeben und unter ständigem Umrühren bei nur geringer Hitze am Köcheln gehalten. Dieser Erbsen-Einbrenne wird löffelweise der warme Kassler-Sud zugegeben, um eine sämige Flüssigkeit zu erreichen.
• Nun die gekochten Kartoffeln abseihen und noch ca. 5 Minuten abdampfen lassen, anschließend in einer Schüssel mit einem Stampfer unter Beigabe von Butterstückchen und einer Prise Salz pürieren und ebenfalls in die Erbsen-Einbrenne geben.
• Unter ständigem Umrühren und Hinzufügen des Restes vom Kassler-Sud wird die Erbsensuppe bei kleiner Hitze noch etwa 5 Minuten weitergekocht.
• Abschließend kommt das in Würfeln geschnittene Kassler in die Suppe.
• Mit Salz und Pfeffer schließlich die Erbsensuppe abschmecken und nach Einfüllen in die Suppenschüssel bzw. auf die Suppenteller die gehackte Petersilie darüber streuen.

3 L	Wasser
1 kg	frische Erbsen oder 1 große Dose unjodierter junger Erbsen
1 Pf.	Kassler
4	mittelgroße Kartoffeln, (mehlig kochend)
2	mittlere Zwiebeln
2	mittlere Möhren
	Petersilie
200 gr	irische Butter
2-3 EL	Mehl
	unjodiertes Salz/Siedesalz
	weißer Pfeffer

Quelle: Frieda L., Thüringen

Serviervorschlag:
Lecker dazu sind „Bröckelchen" (auch: Croutons = in Butter geröstete Brotstückchen).

ERBSENSUPPE FÜR DEN KÖNIG
Ein kleines Märchen, nacherzählt von Dagmar Pauli

Dieses kleine Märchen vom Erbsensuppen-König, das mir als Kind immer von meiner Großmutter erzählt worden war, wenn ich ihr beim Kochen ihrer köstlichen Erbsensuppe zusah, habe ich auch meinen Kindern jedes Mal erzählt *, wenn ich endlich einmal die unjodierten Zutaten bekommen hatte und die Erbsensuppe nach dem Rezept meiner Großmutter Frieda kochen konnte:

Es war einmal ein König,
der aß für sein Leben gern Erbsensuppe. Und weil er ein König war und sich sein Leibgericht so oft wünschen durfte, wie er wollte, so wünschte er es sich jeden Tag. Also gab es jeden Tag zum königlichen Mittagessen Erbsensuppe.

Das ging so viele Jahre lang, und der König war glücklich. Außerdem war er freundlich und gerecht, eben weil er glücklich war.

Aber eines Tages starb der königliche Oberkoch, der nichts anderes gekocht hatte als die Erbsensuppe für den König, und da wurde der König sehr traurig. Denn von einem Tag zum anderen bekam er nun keine Erbsensuppe mehr. Das hatte schlimme Folgen.

Zunächst für den König selber, der schon vor dem Mittagessen jammerte, daß es keine Erbsensuppe geben würde, und der erst recht nach dem Mittagessen jammerte, daß es keine Erbsensuppe gegeben hatte. Er aß lustlos und wenig. Er wurde überhaupt nicht mehr satt und blieb hungrig.

Wer schon einmal einen hungrigen König erlebt hat weiß, was das bedeutet. Ein hungriger König bedeutet schlechte Laune, Ungeduld und Unfreundlichkeit und Ungerechtigkeit. Das spürten bald alle, die um ihn waren: seine Familie, seine Hofbeamten – und leider auch alle seine Untertanen. Nun jammerten auch sie, daß es mittags keine Erbsensuppe für den König geben würde, und danach, daß es keine Erbsensuppe für den König gegeben hatte. Denn sie litten sehr unter seiner hungrigen Grantigkeit.

Glücklicherweise fand man bald einen Meisterkoch, der als königlicher Erbsenkoch angestellt wurde. Der König und alle, die unter seinen Hungerlaunen hatten leiden müssen, atmeten auf. Und das Mittagessen, an dem zum ersten Male wieder nach der erbsenkargen Zeit Erbsensuppe serviert wurde, war ein Ereignis. Mit Spannung verfolgten alle Tischgenossen des Königs, wie der König den ersten Löffel der Erbsensuppe zum Munde führte. Er hatte dabei seine Augen genießerisch geschlossen und schlürfte die lange entbehrte Erbsensuppe vom Löffel. Die Suppe konnte kaum seinen Gaumen berührt haben, als er den Löffel in den Suppenteller fallen ließ, so daß die Erbsensuppe nur so aufspritzte. „Ungenießbar! Die Erbsensuppe ist ungenießbar!" rief er aufgebracht.

Er ließ den Meisterkoch rufen und warf ihm vor: „Ihr seid kein Meisterkoch, Ihr seid ein Stümper!"

Der Meisterkoch war fassungslos. Er hatte sich die größte Mühe gegeben, eine köstliche Erbsensuppe zu kochen, und er wusste genau, daß sie auch köstlich geraten war, weswegen er sich des Königs ärgerliche Kritik überhaupt nicht erklären konnte.

Aber er versprach, sich noch mehr zu bemühen, eine schmackhafte Erbsensuppe zu kochen. Da er wirklich ein Meisterkoch war, gelang ihm am nächsten Tag eine wahrlich delikate Erbsensuppe.

So meinte er. Aber dem König schmeckte sie ebenso wenig wie die Erbsensuppe am Tag vorher, und er war noch enttäuschter und noch ärgerlicher. Er kanzelte den Meisterkoch nach Strich und Faden ab, wie eben ein ärgerlicher König einen Versager abkanzelt.

Da ging der Meisterkoch traurig und ratlos in seine Küche zurück. Er wusste nicht, was er falsch gemacht hatte, und er wusste absolut nicht, was er besser machen sollte. „Ich habe so gut gekocht, wie ich nur kochen kann", sagte er bei sich, „noch besser kochen kann ich nicht." Er war ganz und gar verunsichert. Heute würde man sagen: „Der Meisterkoch war frustriert." Damals sagte man bloß: „Der Meisterkoch war mutlos."

Und er war es so sehr, daß er am nächsten Tag nicht nur nicht so gut kochte, wie er es konnte, sondern leider so schlecht, wie es ihm noch nie passiert war: Er ließ nämlich die Erbsensuppe anbrennen!"

Was sollte er tun? Zeit, eine neue Erbsensuppe zu kochen, hatte er nicht mehr. Sein Missgeschick war also nicht zu verheimlichen. Als er mit sich zu Rate ging, wie er sich in seiner peinlichen Lage am besten verhalten solle, wurde er plötzlich trotzig. „Warum soll ich überhaupt sagen, daß mit die Suppe angebrannt ist?" fragte er sich. „Wenn dem König bisher meine köstlichen Erbsensuppen nicht geschmeckt haben, schmeckt ihm jetzt vielleicht meine schlechteste Erbsensuppe." Und er ließ dem König seelenruhig die angebrannte Erbsensuppe servieren.

Es passierte das Unglaubliche. Der König ließ ihn zu sich rufen und brach in Begeisterung aus: „Endlich habt Ihr es geschafft, eine ebenso schmackhafte Erbsensuppe zu kochen wie Euer Vorgänger!" Der König lobte und belohnte den Meisterkoch, der ihm wieder zu seinem Erbsensuppenglück verholfen hatte. Und er wurde wieder ein glücklicher und deshalb freundlicher und wohlwollender König. Darüber waren alle froh: seine Familie, seine Hofbeamten und besonders seine Untertanen.

Nur der Meisterkoch, der nun jeden Tag die Erbsensuppe anbrennen lassen musste, war nicht froh. Er schämte sich."

* Unter dem Titel „Erbsensuppe für den König" wurde meine Nacherzählung am 21. Februar 1999 in: Kinder-Paulinus", Trier, 125. Jahrgang, Nr. 8 erstmals veröffentlicht.

SUPPEN

🍴 FRÜHLINGSSUPPE
mit Kümmel

🕐 Ca. 2 Stunden   👤 4 Personen   ⚪ leicht

3 1/2 L	Wasser
1 kg	Rindfleisch, (oder Beinscheibe)
2	Gemüsezwiebeln
2	Stangen Lauch (Porree)
6	mittelgroße Möhren
1/4	Sellerie (Knolle)
4	Kartoffeln
200 gr	irische Butter
	Petersilie
2-3 EL	Kümmel (ganz)
	Unjodiertes Salz/Siedesalz
	Pfeffer

♦ Das Rindfleisch wird in etwa 2 1/2 l kaltem, gesalzenem Wasser, mit 1 klein geschnittenen Gemüsezwiebel, 3 geschnittenen Möhren, 1 geschnittenen Stange Lauch und dem Sellerie angesetzt und gut 1 1/2 Stunden gekocht.

♦ Nach etwa 1 Stunde werden die Kartoffeln geschält und in Salzwasser gar gekocht.

♦ In einem großen Topf die zweite klein geschnittene Zwiebel in der zerlassenen Butter glasig werden lassen und zusammen mit den ebenfalls klein geschnittenen 3 Möhren, dem Lauch und dem Kümmel bei geringer Hitze weiter dünsten.

♦ Dann das Fleisch aus der Suppe nehmen, die Brühe durch ein Sieb gießen, das zerkochte Gemüse durchs Sieb drücken und diesen Gemüsemus unter die Brühe rühren.

♦ Die Brühe wird schließlich löffelweise dem in Butter gedünsteten Gemüse hinzugegeben.

♦ Danach die Kartoffeln und das klein geschnittene Fleisch hineingeben und mit Salz und Pfeffer abschmecken.

♦ Nachdem der Topf vom Herd genommen ist, wird die geschnittene Petersilie untergehoben.

Quelle: Frieda L., Thüringen

Serviervorschlag:
„Bröckelchen" (auch: Croutons = in Butter geröstete Brotstückchen)

🍴 INDISCHE LINSENSUPPE
von roten Linsen

Ca. 1 Stunde | 4 Personen | mittel schwer

- Die gewaschenen Linsen in einem großen Topf zum Kochen bringen, den Schaum abschöpfen.
- Kurkuma, Kreuzkümmel und die zerkleinerten Tomaten dazugeben und langsam unter die Linsen rühren.
- Die Hitze verringern und die Suppe halb zugedeckt ca. 40 Minuten leicht köcheln lassen, bis die Linsen weich sind.
- Chilischoten, Korianderblätter und das Salz dazu geben.
- Die geklärte Butter (= Ghee) in einer kleinen Pfanne zerlassen und
- darin die Zwiebelringe und den zerkleinerten Knoblauch goldbraun werden lassen und dann in die Linsensuppe geben.

1 L	Wasser
200 g	rote Linsen
1/4 TL.	Kurkuma (Gelbwurz, gemahlen)
1 1/2 TL	Kreuzkümmel (Cumin, gemahlen)
2	Tomaten
2-3	grüne Chilischoten
1 EL	frische Korianderblätter (gehackt)
3 EL	Ghee (geklärte Butter)
3	Knoblauchzehen
1	Zwiebel
	unjodiertes Salz/Siedesalz

Quelle: „Vegetarische Indische Küche", a.a.O., S. 34.

Serviervorschlag:
Als Beilage paßt Reis.

🍴 JAPANISCHE EIERSTICHSUPPE
von uns „Pudding-Suppe" genannt

🕐 Ca. 2 Stunden 👤 4 Personen 📎 mittel schwer

1 1/2 L Wasser
1   mittlere Beinscheibe
    (oder 1 Pfund Rindfleisch)
5   unjodierte Eier
    Brokkoli
    oder anderes Gemüse
    Unjodiertes Salz/Siedesalz

Zubehör:
4 chinesische (weil backofenfest) Suppentassen

- Rindfleisch in 1 L gesalzenem Wasser ca. 1 Stunde kochen.
- Dann das Fleisch aus der Brühe nehmen und in kleine Stücke schneiden und die Fleischbrühe kalt stellen bzw. abkühlen lassen.
- In dieser Zeit die Eier aufschlagen und mit dem Schneebesen schaumig rühren.
- Brokkoli in kleine Röschen aufteilen und in 1/2 L Salzwasser kurz aufkochen lassen, danach abseihen.
- Die abgekühlte Fleischbrühe wird langsam in den Eierschaum untergerührt und in die Tassen gefüllt, indem etwa 2 cm bis zum Tassenrand frei bleiben.
- 3-5 Fleischstückchen und je ein Brokoli-Bäumchen werden langsam in die Mitte jeder Tasse gegeben.
- Alle Tassen mit Alufolie abdecken, auf das mit ca. 1 cm Wasser bedeckte Backblech stellen und im Ofen bei 200 Grad 40 Minuten backen.
- Danach bleiben die Suppentassen noch 10 Minuten bei abgeschalteter Hitze im Ofen.

Quelle: Kazuko Y., Japan

Serviervorschlag:
Zur „Pudding-Suppe" schmeckt Körnerbaguette mit Knoblauchbutter vorzüglich.

Unvergessenes japanisches Neujahrsessen
Nachdem ich diese Suppe Januar 1987 zum ersten Male beim traditionellen japanischen Neujahrsessen gegessen hatte, erkundigte ich mich sofort bei der Gastgeberin nach diesem wundervollen Rezept. Und seitdem ist diese von uns liebevoll „Pudding- Suppe" genannte japanische Spezialität zum absoluten Highlight und zur Überraschungs-Vorspeise fast jeder unserer Einladungen zum Essen geworden

KARTOFFELSUPPE

Ca. 2 Stunden | 4 Personen | leicht

- Die Beinscheibe wird in 2 L kaltem gesalzenem Wasser angesetzt und zusammen mit dem Suppengemüse gut 1 1/2 Stunden gekocht.
- In dieser Zeit werden auch die geschälten Kartoffeln gegart.
- In einem separaten Tiegelchen werden nun die Gemüsezwiebeln und die klein geschnittenen Möhren in der Butter angedünstet und mit dem unjodierten Salz und dem Pfeffer abgeschmeckt.
- Sobald das Fleisch gar ist, wird die Beinscheibe aus der Suppe genommen und das Fleisch vom Knochen gelöst und in kleine Stücke zerteilt.
- Dann wird die Suppe durch ein Sieb gegossen und das zerkochte Suppengemüse durch das Sieb in die abgeseihte Suppe gedrückt.
- Nun die geschälten Kartoffeln mit einem Holzstampfer zerdrücken und ebenfalls in die Suppe geben.
- Zum Schluß kommen die in Butter gedünsteten Zwiebeln und Möhren und die Fleischstückchen in die Kartoffelsuppe.
Zum Anrichten mit zerhackter Petersilie bestreuen – und sich schmecken lassen!

2 L	Wasser
1	Beinscheibe (Rind)
2	Gemüsezwiebeln
2	Möhren
1	Bund Suppengemüse
8	mittelgroße Kartoffeln (mehlig kochend)
100 g	irische Butter
	unjodiertes Salz/Siedesalz
	schwarzer Pfeffer
	Petersilie

Quelle: Frieda L., Thüringen

Serviervorschlag:
Weil wir die „Bröckelchen" – in Butter geröstete Brot- oder Semmelstückchen – so liebten, gab es zur Kartoffelsuppe immer auch ein Schälchen Bröckelchen zusätzlich für jeden dazu.

SUPPEN

🍴 OCHSENSCHWANZSUPPE
die Kraftsuppe meiner Großmama

⏲ Ca. 2 Stunden   👤 4 Personen   🍳 mittel schwer

2 L	Wasser
1	ganzer Ochsenschwanz (vorbestellen!)
1-3 EL	Mehl
150 gr	irische Butter
200 gr	franz. Crème Fraîche
2-3	mittlere Zwiebeln
	unjodiertes Salz/Siedesalz
	Petersilie
1/2	Tasse Bärenfang

- Ochsenschwanz in kleine Stücke zerteilen, die Zwiebeln halbieren und alles in einem großen Topf in zerlassener Butter anbraten.
- Unter ständigem Wenden das Mehl darüber stäuben, bis alles dunkelbraun geröstet ist.
- Das Fleisch mit 2 L lauwarmem Wasser ablöschen und mindestens 1 1/2 Stunden weich kochen.
- Dann die Fleischstücke aus der Suppe nehmen und das Fleisch vom Knochen lösen.
- Die übrige Suppe durch ein Sieb passieren und mit Salz und dem Bärenfang abschmecken und die Fleischstückchen wieder in die Suppe geben.
- Zum Anrichten 1-2 EL Crème Fraîche in die Mitte des Suppentellers geben und die klein gehackte Petersilie darüber streuen.

Quelle: Mamsell Luise, Ostpreußen

Serviervorschlag:
Leckere Beigabe sind frische Roggenbrötchen oder „Seelchen" (s. Pfalzfelder Bäckerei).

Kraftsuppe aus Ostpreußen
Für meine ostpreußische Großmutter, die viele Jahre als Mamsell auf einem ostpreußischen Gut gearbeitet hatte, gab es keine andere Suppe, die es mit der kräftigenden Wirkung einer Ochsenschwanzsuppe hätte aufnehmen können. In Omas Suppenterrine mit dem Streublümchenmuster, das als einziges Porzellanstück die Flucht aus Ostpreußen überlebt hat, allerdings ohne Deckel, serviere ich auch heute noch unsere Ochsenschwanzsuppe.

🍴 REISSUPPE
leicht und lecker

⏱ Ca. 1 1/2 Stunden   👤 4 Personen   🍲 leicht

- Die Beinscheibe in 2 L kaltem, gesalzenem Wasserr ansetzen und gut 1 1/2 Stunden gar kochen.
- In der Zwischenzeit den Reis ebenfalls kochen, abgießen und zur Seite stellen.
- Die zwei Möhren in kleine Würfel schneiden und in der Butter bei geringer Hitze dünsten.
- Nach etwa 1 1/2 Stunden das Fleisch aus der Brühe nehmen, das Knochenmark aus dem Knochen lösen
und zusammen mit dem vom Knochen gelösten Fleisch, dem gegarten Reis und den gedünsteten Möhren in die Suppe geben und noch ca. 10 Minuten köcheln lassen.
- Mit dem unjodierten Salz und dem schwarzen Pfeffer abschmecken,
und vor dem Servieren mit Muskatnuß überstäuben.

2 L	Wasser
1	Beinscheibe (Rind)
2	Möhren
4 Tassen	(geschälter) Reis
100 g	irische Butter
	unjodiertes Salz/Siedesalz
	schwarzer Pfeffer
	Muskatnuß

Quelle: Tante Flora, Thüringen

Das war Tantes beliebte Reissuppe: leicht und lecker!

… SUPPEN

🍴 THÜRINGISCHE NUDELSUPPE
nach Großmutter Friedas Rezept

🕐 Ca. 2 Stunden   👤 4 Personen   📎 mittel schwer

Brühe:

2 L	Wasser
2-3	Rinder-Markknochen
1 Pfd.	Rindfleisch oder Beinscheibe
1	Gemüsezwiebel
1 Bnd.	Suppengemüse
	Petersilie, gehackt
	unjodiertes Salz/Siedesalz
1	Muskatnuß

Bandnudeln:

1/2	Tasse Wasser
300 g	Weizenmehl
4	unjodierte Eier
	unjodiertes Salz/Siedesalz

• *Die Brühe* mit den Rinderknochen und dem Rindfleisch/Beinscheibe, der in Scheiben geschnittenen Zwiebel und dem ebenfalls klein geschnittenen Suppengemüse mit ca. 2 l kaltem Wasser ansetzen und ca. 1 1/2 Stunden kochen lassen.

• Dann Knochen und Fleisch herausnehmen, die Brühe abseihen, das zerkochte Gemüse durch ein Sieb drücken und den Gemüsebrei in die Brühe einrühren.

• Für *die Bandnudeln* werden Mehl und die 4 Eier mit etwas Wasser und einer Prise unjodiertem Salz zusammengerührt und etwa 1/2 Stunde ruhen lassen.

• Den Nudelteig gut durchkneten und auf einem Brett zu einem dünnen Fladen ausrollen; dann den Teig zu einer Rolle zusammenrollen.

• Teigrolle in ganz dünne Teigstreifen schneiden und diese langsam vom Brett in die köchelnde Brühe gleiten lassen. Wenn die Bandnudeln hochkommen, ist die Suppe fertig. Mit unjodiertem Salz abschmecken und vom Herd nehmen.

• Zum Servieren die Petersilie und frisch geriebene Muskatnuß darüber streuen.

Quelle: Frieda L., Thüringen
Serviervorschlag:
Lecker schmeckt dazu frisches Roggenbrot.

Großmütter- Hände
In der Rückerinnerung an die großmütterlichen Gerichte und Backwaren sind sie wieder lebendig geworden: Großmütter- Hände. Die einen groß und hager und verarbeitet von schwerer Arbeit in Gasthaus und Landwirtschaft. Die anderen klein und etwas mollig, aber kräftig vom Zupacken. Hände, die viel erzählen konnten, und deren schnelle, sichere Bewegungen nun, bei der Besinnung auf die einzelnen Arbeitsschritte beim Kochen und Backen, in mir wieder lebendig geworden sind.

🍴 SPARGEL

Ca. 20 Minuten | 4 Personen | leicht

- Den Spargel wie gewohnt schälen und in einem geräumigen Topf zusammen mit 1 EL Butter, dem unjodierten Salz und dem Zucker zum Kochen bringen und ca. 10 Minuten bei kleinerer Hitze weiter köcheln lassen.
- Den Spargel aus dem Wasser nehmen und abtropfen lassen.
- Nachdem er auf einer Platte angerichtet ist, wird die restliche Butter in Flocken über den Spargelstangen verteilt und der Provolone darüber gerieben.
- Nach Geschmack Petersilie oder Schnittlauch darüber streuen.

2-3 l	Wasser
1 kg	grüner/weißer Spargel
150 g	irische Butter
1 Prise	unjodiertes Salz/Siedesalz
2 TL	Zucker
100 g	italienischer Provolone (Hartkäse aus Kuhmilch)

Quelle: mündlich

Serviervorschlag:
Dazu schmecken Salzkartoffeln oder Spätzle und Schinken oder Fleisch - bzw. Leberkäse.

🍴 MÖHREN IN MEHLSCHWITZE

🕐 Ca. 20 Minuten   👤 4 Personen   ▯ leicht

8 - 10	mittelgroße Möhren
200 g	irische Butter
2-3 EL	Mehl (eventuell mehr)
1	Tasse unjodierte Milch (s. Ersatzmilch, S. 32)
	unjodiertes Salz/Siedesalz
	gehackte Petersilie

- Die Möhren schälen und in kleine Würfelchen schneiden und in etwa 50 g Butter leicht andünsten.
- In einem anderen Topf die restliche Butter zergehen lassen, nach und nach das Mehl darunter rühren und unter fortgesetztem Rühren die „Einbrenne" leicht bräunen lassen.
- Sobald sich die Butter-Mehl-Masse verfestigt, wird sie, während weitergerührt wird, von der Herdplatte genommen, mit der Milch, wenn nötig auch noch mit etwas Wasser „abgelöscht" und weiter gerührt, bis sich eine sämige Sauce ergibt.
- Nun kommen die in Butter gedünsteten Möhren dazu, noch mit Salz abschmecken und die gehackte Petersilie dazugeben.

Quelle: Frieda L., Thüringen

GEMÜSE

GURKENNESTER

Ca. 2 Stunden | 4 Personen | leicht

- Die Gurken schälen und mit einem Gemüseschäler oder Käsehobel in langen, breiten Streifen bandnudelartig abschälen. Dabei nur das feste Fleisch verwenden, die Kerne beiseite stellen.
- Die Gurkenstreifen mit der Crème Fraîche, der Gemüsebrühe, Salz und Pfeffer in einen Topf geben, vorsichtig verrühren und bei milder Hitze sanft erwärmen. Die Gurken sollen lauwarm sein und bißfest bleiben.
- Dill nach Geschmack zugeben.
- Bei Bedarf etwas Flüssigkeit aus der beiseitegestellten Kernmasse dazugeben.
- Einige Gurkenstreifen mit einer Fleischgabel zu Nestern aufdrehen und auf den Tellern anrichten; die Sauce darübergeben.

2	Gurken
3 EL	franz. Crème Fraîche
	frischer Dill
	(ersatzweise
	getrocknete Dillspitzen)
1 TL	Gemüsebrühe
	Pfeffer
	unjodiertes Salz/Siedesalz

Quelle: T. Decker

Serviervorschlag:
Paßt wunderbar zu Fisch oder Huhn, je nach Art der beim Hauptgericht verwendeten Kräuter und Gewürze können Sie auf den Dill verzichten.

🍴 GORGONZOLASAUCE

Ca. 20 Minuten | **4 Personen** | **mittel schwer**

250 g	italienischer Gorgonzola
100 g	irische Butter
1	kleine Zwiebel
3-4 EL	Mehl
1/2 bis 1	Tasse Weißwein – ich nehme dazu eine Riesling Spätlese
	schwarzer Pfeffer
	Schnittlauch

- Butter in einem Tiegelchen bei kleiner Hitze zerlassen
- und die klein geschnittene Zwiebel darin glasig werden lassen,
- dann das Mehl darüber stäuben und unter ständigem Rühren leicht anbräunen.
- Sobald die Einbrenne fester wird, wird sie mit dem Weißwein unter ständigem Weiterrühren vorsichtig abgelöscht, bis eine sämige Sauce entsteht.
- Darin wird schließlich der in kleine Stücke geschnittene italienische Gorgonzola-Käse unter fortwährendem Rühren aufgelöst.
- Die fertige Gorgonzolasauce wird vom Herd genommen und mit Pfeffer und - je nach Geschmack – mit Schnittlauch oder Petersilie abgeschmeckt.

Quelle: Familienrezept.

Serviervorschlag:
Dazu gibt es bei uns grünen Spargel mit Salzkartoffeln.

🍴 PETERSILIENSAUCE

Ca. 15 Minuten | 4 Personen | leicht

- Die Einbrenne wie folgt zubereiten: Butter bei geringer Hitze zerlassen und bei fortwährendem Umrühren das Mehl in die flüssige Butter hineinstäuben, bis die allmählich zähflüssig gewordene Masse leicht gebräunt ist.
- Das lauwarme Wasser in kleinen Portionen unterrühren, bis die Einbrenne cremig- flüssig ist.
- Nun die Crème Fraîche unterrühren und die Zwiebeln und Petersilie klein hacken.
- Dann die Einbrenne vom Herd nehmen, mit Salz abschmecken und die gehackten Zwiebel und Petersilie in die Sauce geben.

1 Bund Petersilie
1 kl. Zwiebel
1 Tasse Mehl
1 Tasse lauwarmes Wasser
100-120 g irische Butter
100 gr Französische Crème Fraîche
unjodiertes Salz/Siedesalz

Quelle: Familienrezept.

Serviervorschlag:
Petersiliensauce passt z.B. zu Salzkartoffeln und Kartoffelklößen und Verlorenen Eiern.

SAUCEN

SENFSAUCE

Ca. 15 Minuten · 4 Personen · leicht

150 g   scharfer Senf
1 Tasse Mehl
1 Tasse lauwarmes Wasser
100-120 g irische Butter
100 g   Französische Crème Fraîche
        unjodiertes Salz/Siedesalz

- Die Einbrenne wie folgt zubereiten:
Butter bei geringer Hitze zerlassen und bei fortwährendem Umrühren das Mehl in die flüssige Butter hineinstäuben, bis die allmählich zähflüssig gewordene Masse leicht gebräunt ist.
- Das lauwarme Wasser in kleinen Portionen unterrühren, bis die Einbrenne cremig- flüssig ist.
- Den Senf in einer Tasse mit etwas lauwarmem Wasser verrühren und dann in die Einbrenne geben.
- Mit Salz abschmecken und die Crème Fraîche unterheben, bis die Senfsauce cremig geworden ist.

Quelle: Familienrezept

Serviervorschlag:
Meine Großmutter kochte zur **Senfsauce** Kabeljau aus der Nordsee, und dazu Salzkartoffeln und grünen Salat als Beilage. Ich mag die **Senfsauce** aber auch zum heißen Leberkäse auf frischem Roggenbrot.

SAUCEN

TOMATEN-PAPRIKASAUCE
mit Kapern

Ca. 25 Minuten | 4 Personen | leicht

- Tomaten mit kochendem Wasser überbrühen und die Haut abziehen, dann in kleine Stücke schneiden.
- Die Paprika waschen, entkernen und zerkleinern.
- Nun die zerhackten Zwiebeln in der Butter glasig werden lassen und nach und nach die Tomaten- und Paprikastückchen dazu geben und ca. 5 Minuten zugedeckt dünsten.
- Dann den italienischen Provolone über die Gemüsemasse reiben und unterrühren, bis der Käse sämig geworden ist.
- Zum Schluß kommen die Kapern dazu, und man kann mit Zucker, Salz, weißem Pfeffer und italienischen Kräutern abschmecken.

4-5	mittelgroße Tomaten
1	rote Paprika
1	grüne Paprika
2-3	mittlere Zwiebeln
150 g	irische Butter
50-100g	italienischer Provolone
2-3 EL	Kapern
	unjodiertes Salz/Siedesalz
1 TL	Zucker
	weißer Pfeffer
	italienische Kräuter

Quelle: Familienrezept

Serviervorschlag:
Wir essen diese Tomaten-Paprikasauce gerne zu Nudeln. Aber sie passt auch zu Basmati-Reis oder Bratkartoffeln oder zu Aufläufen.

FLEISCH*

🍴 BISONSTEAK

⏱ Ca. 15-20 Minuten   👤 4 Personen   📎 leicht

4	Bisonsteaks
2	kleinere Zwiebeln
	Apfelringe
200 g	irische Butter
1 Tasse	warmes Wasser
2 EL	italienischer Mascarpone
	unjodiertes Salz/Siedesalz
	schwarzer Pfeffer

- Die Bisonsteaks waschen, abtupfen und leicht mit einem Holzklopfer flach drücken.
- Butter zerlassen, gehackte Zwiebeln darin glasig werden lassen und die Steaks zugedeckt bei mittlerer Hitze auf jeder Seite ca. 5 Minuten anbraten.
- Die Sauce mit Wasser ablöschen und die Steaks weitere 5 Minuten bei mittlerer Hitze braten, bis die „Gabelprobe" (= leichtes Eindrücken des Fleisches mit einer Gabel) anzeigt, daß die Steaks – je nach Geschmack - durchgebraten bzw. medium sind.
- Die Steaks aus der Pfanne nehmen und von beiden Seiten mit Salz und schwarzem Pfeffer würzen.
- Die Sauce wird mit Mascarpone verfeinert und separat zu den Steaks serviert.

Quelle: Familienrezept

* Vergewissern Sie sich, daß das Fleisch für Ihre Fleischgerichte von Tieren stammt, die ohne künstliche Jodzusätze gefüttert worden sind.

🍴 REH-STEAKS

Ca. 10 Minuten | 4 Personen | mittel schwer

- Die Steaks in der zerlassenen Butter auf beiden Seiten gut anbraten und je nach Geschmack 4 – 8 Minuten braten lassen.
- Die klein gehackten Zwiebeln dazu geben,
- mit etwas lauwarmem Wasser ablöschen und den Honig unterrühren.
- Die Steaks vor dem Anrichten salzen und pfeffern und mit den gehackten Nüssen bestreuen.

4	Hüftsteaks vom Reh
2	kleine Zwiebeln
5-6 TL	Honig
200 g	gehackte Walnüsse oder Mandeln*
200 g	irische Butter
	unjodiertes Salz/Siedesalz
	weißer Pfeffer

Quelle: Werwie, Wild-Spezialitäten, Trier

*Meine Variation: gehackte Mandeln

FLEISCH

🍴 WILDSCHWEINRIPPCHEN

🕐 Ca. 1 1/2 Stunden   👤 4 Personen   📎 mittel schwer

2-3 L	Wasser
1	Rippenbogen von einem nicht zu mageren Wildschwein (nicht aus der Rauschzeit)
1	Zwiebel
1	Lorbeerblatt
10	Wacholderbeeren
2	Nelken
1 TL	unjodiertes Salz/Siedesalz
200 g	Crème Fraîche
	Kräuter der Provence

• **Vortag:** Rippenbogen je nach Größe nach jeder 3. Rippe durchschneiden.

• In einem Topf so viel Wasser zum Kochen bringen, daß die Rippchen später damit bedeckt sind. Ins Kochwasser kommt: 1 Lorbeerblatt, 10 Wacholderbeeren, 1 ganze Zwiebel mit 2 Nelken gespickt und 1 TL unjodiertes Salz.

• In das kochende Wasser die Rippen legen, kurz aufkochen lassen und dann ca. 1 Std. köcheln lassen. Die Rippenknochen sollten sich nicht ablösen.

• **2. Tag:** Kräuter der Provence mit Crème Fraîche mischen, die Rippchen beidseitig mit der Mischung bestreichen

• und einige Minuten unter den Grill oder auf den Grill (Gartengrill) legen. Einmal wenden und fertig. Guten Appetit.

Quelle:
Barbara Lohmann, Hauswirtschaftsmeisterin

Wichtiger Hinweis:
Ehe Sie Wild unbesorgt verzehren können, müssen Sie die für die in Frage kommenden Reviere zuständigen Förster bzw. im Forstamt fragen, ob im Wald die nicht künstlich jodierten weißen Lecksteine aufgestellt sind. Im Forstrevier Trier-Saarburg sind, nach Auskunft des zuständigen Forstamtes und in Kenntnis der Jodproblematik bewusst nur weiße Lecksteine aufgestellt, damit das dort stehende Wild ohne Jodbelastung bleibt und damit das Wildfleisch weiter als naturbelassenes Lebensmittel zur Verfügung steht.

🍴 PFEFFER-FILET

Ca. 20 Minuten | 4 Personen | mittel schwer

- Die Filets waschen, abtupfen und leicht mit einem Holzklopfer flach drücken.
- In der Pfanne die Butter zerlassen und die klein geschnittenen Zwiebeln glasig dünsten,
- die Filets dazugeben, die grünen Pfefferkörner darüber streuen und zugedeckt jede Seite bei mittlerer Hitze ca. 4-5 Minuten braten.
- Mit 1-2 Tassen warmen Wasser ablöschen und weitere 10 Minuten köcheln lassen.
- Dann die Filets herausnehmen und salzen.
- Die Sauce wird mit der Crème Fraîche verrührt und über die Filets gegeben.

4	Rinderfilets
2	mittlere Zwiebeln
150 g	irische Butter
50 g	französische Crème Fraîche
2-3 EL	grüne Pfefferkörner
	unjodiertes Salz/Siedesalz

Quelle:
Nach Frau Kögel, Gasthaus „Zur Post", Wessobrunn

Serviervorschlag:
Dazu passt frischer Blattsalat mit Salzkartoffeln oder Spätzle.

FLEISCH

🍴 ZUNGE IM BLÄTTERTEIG

⏱ Ca. 1 Stunde   👤 4 Personen   📎 kompliziert

1	kleine geräucherte oder gepökelte Ochsenzunge
250 –300 g	TK-Blätterteig

- Die geräucherte oder gepökelte Rinderzunge in den – in jedem Supermarkt im Kühlfach zu bekommenden, unjodierten fertigen – Blätterteig einwickeln, die Teigenden mt Wasser angefeuchtet zusammendrücken
- und auf mittlerer Schiene im vorgeheizten Ofen bei 200 Grad ca. 30-45 Minuten backen.

Quelle: Dagmar Braunschweig-Pauli M.A., Bonn 1979

Serviervorschlag
Dazu passt ganz wunderbar Madeira-Sauce.

Die Rezept-Premiere
Wir hatten meinen Professor mit seiner Frau zum Abendessen eingeladen, und weil ich wusste, daß die Professorengattin eine hervorragende Köchin war, wollte ich ihr und ihrem Mann etwas wirklich Ausgefallenes vorsetzen. Da kam mir die Idee, als Hauptgang eine Zunge im Blätterteig zu backen. Mein Mann fragte mich nach dem Rezept, und ich sagte, ich hätte gar keines, aber ich würde eben zu unserer Einladung ein eigenes Rezept ausprobieren.
Die in Blätterteig gewickelte und mit Zahnstochern gespickte Rinderzunge war bereits im Backofen und verströmte einen köstlichen Duft, da trafen unsere Gäste ein. Wir waren sofort in eine intensive Unterhaltung vertieft, als sich die Ehefrau des Professors entspannt im Sessel zurücklehnte und zu mir gewandt sagte: „Es duftet ja schon appetitanregend. Schön, daß auch Sie als Gastgeberin noch so ruhig mit uns plaudern können. So was geht allerdings nicht, wenn man einen Blätterteig im Ofen hat."
„Ich habe einen Blätterteig im Ofen", rief ich während ich aufsprang und in die Küche lief.

ÜBERBACKENES SCHWEINEFILET
mit Curry-Sauce

Ca. 1 Stunde | 4 Personen | mittel schwer

- Das Filet wird in Scheiben geschnitten
- und in einer Pfanne mit der Butter von beiden Seiten kurz angebraten und mit Salz und Pfeffer gewürzt.
- Die Sahne wird kalt mit dem Tomaten-Ketchup, dem Tomatenmark dem Curry verrührt.
- **Überbacken:** Die angebratenen Filetscheiben kommen in eine große Auflaufform, werden mit den halbierten Bananenstücken belegt und mit der Sauce übergossen. Den Abschluß bildet der geriebene Grano Padano.
- Alles bei 220-225 Grad auf der mittleren Schiene im Backofen ca. 20-30 Minuten backen.

1 kg	Schweinefilet
100 g	irische Butter
250 g	süße unjodierte Sahne (s. Ersatzsahne, S.33)
1/2	Flasche unjodiertes Tomaten-Ketchup
1/2	Tube unjodiertes Tomatenmark
4	Bananen
	italienischer Grano Padano
	unjodiertes Salz/Siedesalz
	weißer Pfeffer
1 EL	Curry

Quelle: mündlich

Serviervorschlag:
Dazu passt Reis mit eingemachten Birnen und Preiselbeeren.

FLEISCH

🍴 SCHWEINEFILET
mit Backpflaumen

Ca. 1 Stunde | 4 Personen | mittel schwer

1 kg	Schweinefilet
16-20	Backpflaumen
100 g	irische Butter
	oder
1	Tasse kretisches Olivenöl
1	Gemüsezwiebel
100 g	französische Crème Fraîche
	unjodiertes Salz/Siedesalz
	weißer Pfeffer
	Beifuß

- Das Schweinefilet waschen, abtupfen, mit den halbierten Zwiebeln einreiben und in der Butter oder dem Öl bei größerer Hitze auf beiden Seiten kross anbraten.
- Dann den Braten mit den Zwiebeln und Backpflaumen in den Römertopf gelegen, mit Beifuß bestreuen und zugedeckt bei ca. 180 Grad 3/4 Stunde schmoren lassen.
- Das fertige Filet wird aus dem Römertopf genommen und die verbleibende Bratensauce mit unjodiertem Salz, weißem Pfeffer und Crème Fraîche abgeschmeckt.
- Das Filet wird in Scheiben geschnitten in der Sauce serviert.

Quelle: mündlich

Serviervorschlag:
Dazu schmecken Spätzle oder Kartoffelklöße mit "Mausohrsalat" (=Feldsalat)

FLEISCH

KAISERBRATEN IN HONIG

Ca. 70 Minuten 4 Personen leicht

• Zuerst den Senf mit dem Honig gut verrühren.
• Dann den Kaiserbraten in einen Römertopf legen und gut mit der Senf- Honigmischung bestreichen.
• Schließlich die Ananas klein schneiden, über und neben dem Kaiserbraten verteilen, den frischen Ananas-Saft bzw. 1-2 EL vom Ananas-Saft aus der Dose darüber gießen,
• mit dem Deckel bedecken und im Backofen bei 200 Grad etwa 1 Stunde backen.

1 kg	Kaiserbraten (Kassler ohne Knochen)
2 EL	Senf
2 EL	Honig
1/2	frische Ananas bzw. 1 kl. Dose Ananas

Quelle: Imkerin Frau Schwindling-Kleser, Losheim.

Serviervorschlag:
Dazu passt frischer Salat und französisches Baguette.

FLEISCH

🍴 WARMER LEBERKÄSE

Ca. 45 Minuten | 4 Personen | leicht

500-600 g Leberkäse
bzw. Fleischkäse
Dijon-Senf

- Den Leberkäse in eine kleine Schüssel geben und diese in einer mit ca. 2 cm Wasser gefüllten Auflaufform mit Deckel im Backofen bei 200 Grad 3/4 Stunde erhitzen.
Vorsicht beim Herausnehmen! Das Gefäß ist sehr heiß!
- Leberkäse in Scheiben schneiden und zusammen mit Dijon-Senf und frischem Roggenbrot servieren.

Quelle: Bayerische Spezialität

Serviervorschlag:
Dazu schmeckt frisches Roggenbrot und Bayerisches Weißbier.

FLEISCH

🍴 KÖNIGSBERGER KLOPSE
Rezept nach Großmutter Luise

🕐 Ca. 2 Stunden   👤 4 Personen   📎 kompliziert

- Das Hackfleisch mit der gehackten Zwiebel, der klein gehackten geräucherten Lachsforelle (anstelle eines Salzherings aus dem Originalrezept), einem Ei und dem in Milch eingeweichten Brötchen gut vermengen
- und daraus kleine Fleischklößchen – Durchmesser ca. 3 cm – formen
- und diese im Salzwasser mit Sellerie und Lorbeerblatt gar kochen.
- Dann die Klopse aus der Fleischbrühe nehmen,
- die Brühe mit Sahne, dem Mondamin und dem anderen Ei zu einer sämigen Sauce binden, die Kapern hinzufügen und die Klopse hineingeben.

Quelle: Nach Mamsell Luise, Ostpreußen, abgeändert von ihrer Enkelin Dagmar Braunschweig-Pauli und den beschränkten Lebensmittel-Umständen infolge der Zwangsjodierung in Deutschland ab 1985/86 angepaßt.

Serviervorschlag:
Alles mit gehackter Petersilie überstreuen und im Reisrand anrichten.

2 1/2 L	Wasser
1 Pfund	Rinderhack
1 Pfund	Schweinehack
1/2	geräucherte unjodierte Lachsforelle
1	mittlere Zwiebel
2	unjodierte Eier
1/2	altes Brötchen
1/2	Tasse unjodierte Milch (s. Ersatzmilch, S. 32)
1 EL	Mondamin
	Sellerie
1	Lorbeerblatt
1 TL	unjodiertes Salz/Siedesalz
2 1/2 l	Wasser
2-3 EL	Kapern
100 ml	unjodierte Sahne (s. Ersatzsahne, S. 33)
	Petersilie

FISCH*

🍴 ÜBERBACKENER DILL-LACHS

🕐 Ca. 45 Minuten   👤 4 Personen   📎 mittel schwer

500 g   Lachs
4-5   Stengel frischen Dill
       Irische Butter oder Olivenöl
       Unjodiertes Salz/Siedesalz
       Pfeffer

- Den Lachs mit zerlassener Butter oder Olivenöl von allen Seiten bestreichen.
- Den Dill waschen und zerhacken und den gefetteten Lachs von allen Seiten mit ihm bestreuen.
- Dann den dillbestreuten Lachs mit Salz und Pfeffer würzen,
- ihn in die Auflauf-Form geben und im Backofen auf mittlerer Schiene bei 200 Grad ca. 45 Minuten backen.

In den letzten 10 Minuten eventuell mit Backpapier abdecken.

Quelle: mündlich

* Vergewissern Sie sich, daß Ihr Fisch, wenn er aus einer Fischzucht kommt, ohne künstliche Jodzusätze gefüttert worden ist.

🍴 STRAMMER HINNAK

norddeutsche Forellenspezialität zu Ehren von Hinnrich Woldmann aus Finkenwerder

🕐 Ca. 10 Minuten 👤 1 Person 🍽 leicht

- Schwäbisches Seelchen in zwei Hälften teilen, mit Butter bestreichen und mit Scheiben der kalt geräucherten Lachsforelle belegen.
- In der Zwischenzeit die beiden Eier in der Pfanne als Spiegelei braten, mit Salz und schwarzem Pfeffer würzen und heiß auf je eine Hälfte Schwäbisches Seelchen mit Lachsforelle ein Spiegelei auflegen.

1	kalt geräucherte Lachsforelle
2	unjodierte Eier
1	Schwäbisches Seelchen oder frisches Roggenmischbrot (Wichtig: Sauerteig!)
20 g	irische Butter
	Unjodiertes Salz/ Siedesalz
	Schwarzer Pfeffer
	Sahne-Meerrettich, unjodiert

Quelle: Rudolf Reil, Herrstein, der dieses deftige Forellenrezept zu Ehren seines verehrten Großvaters Hinnrich Woldmann, eines bekannten Finkenwerder Hochseefischers, entwickelt hat.

Serviervorschlag:
Mit Sahne-Meerrettich servieren.

„De groote Hinnak un dat witte Huus"
Der Mundart-Dichter Gorch Fock, nach dessen Pseudonym das bekannte Segelschulschiff der deutschen Marine benannt ist, ist der Sandkastenfreund des Hochseefischers Hinnrich Woldmann gewesen. Diese in der Kindheit begonnene Freundschaft hielt das ganze Leben und hinterließ auch literarische Spuren.
In seinem Roman „Seefahrt ist not" verewigt Gorch Fock seinen Jugendfreund Hinnrich als „De groote Hinnak un dat witte Huus", der es durch seine unbeirrbare Zielstrebigkeit schon mit 14 Jahren zu einem eigenen Fischerboot gebracht hatte, und dann durch harte Arbeit und sagenhaften Fleiß bereits vor seiner Heirat zu dem genannten „weißen Haus" im Kolonialstil auf Finkenwerder.

GEFLÜGEL*

ENTENBRUST

mit Orangen oder Aprikosen

Ca. 1 1/2 Stunden | 4 Personen | mittel schwer

4	Entenbrüstchen
1	Orange oder 6-8 Aprikosen
	Olivenöl
	Unjodiertes Salz/Siedesalz
	Pfeffer
	Majoran
1-2 EL	Mehl für Sauce (=Mehlschwitze)

- Die Entenbrüstchen waschen, trockentupfen und mit Salz, Pfeffer und Majoran würzen.
- Dann werden sie in einem großen Bratentopf in erhitztem Olivenöl kross von allen Seiten angebraten,
- mit heißem Wasser abgelöscht und zusammen mit den Orangen- oder Aprikosenstückchen gut 1 Stunde bei mittlerer Temperatur köcheln gelassen.
- Sobald das Fleisch gar ist, wird es aus dem Bratentopf genommen und separat angerichtet.
- In den Bratenfond wird das Mehl eingerührt, bis die Sauce schön sämig ist. Sie wird extra in einer Saucière gereicht.

Quelle: Gilla Greif, Trier, 2002.

Serviervorschlag:
Dazu schmecken Butterkartoffeln und Butterböhnchen.

*Vergewissern Sie sich, daß Ihr Geflügel nicht mit künstlich jodiertem Futter gefüttert worden ist.

DAGMARS FEST

Anders als „Babettes Fest" *, das Babette für ihre Freunde kochte, bestand mein Fest darin, daß es von einer Freundin eigens für mich gekocht wurde.

Als meine Probleme mit der Jodierung begannen dachte ich noch, daß es mir nicht so viel ausmachen würde, bei einer Einladung entweder mein Butterbrot selber mitzubringen, oder nichts zu essen. Denn es stellte sich ja sehr schnell heraus, daß es auch die wohlmeinendste Gastgeberin überforderte, etwas für mich Verträgliches, also ohne künstliche Jodzusätze, auf den Tisch zu bringen.

Aber das war eine unnatürliche, ghettohafte Situation, die Spuren hinterließ, ob ich mir das eingestehen wollte oder nicht. Einmal, weil ich mich auf das erniedrigende Ausweichmanöver „Butterbrot" einlassen musste, und ein andermal, weil es mir immer einen Stich versetzte, wie ungerührt meine Isolation von den meisten Anwesenden als gegeben akzeptiert wurde. Diesmal war alles anders: ich erlebte zum ersten Male seit Beginn meiner Jodkrankheit, daß meine Anwesenheit und mein Mitessen für jemanden so wichtig war, daß, um das zu realisieren, dafür eigens ein weiter Einkaufsweg ins Ausland und eine für diese Person umständliche und schwierige Einkaufsprozedur in Kauf genommen wurde.

Aber die Tücken der Jodierung stecken im Detail! Kurz bevor wir gehen wollten, rief Gilla Greif aufgeregt an: sie hatte nur deutsche Butter – ob wir ihr – für die Bohnen – etwas von unserer Kerrygold-Butter mitbringen könnten?

Meine Kinder machten besorgte Gesichter. Meine Tochter sagte: „Wie gut, daß Frau Greif noch an die Butter gedacht hat!" Denn beide wissen, was passiert, wenn so eine Kleinigkeit einfach vergessen wird. Jedenfalls inspizierten sie beide noch einmal Frau Greifs Küche und die für das Essen verwendeten Zutaten, ehe ich „grünes Licht" bekam.

Und dann kamen die gefüllten Schüsseln auf den Tisch: goldgelbe französische Kartoffeln mit Schnittlauch aus dem Greifschen Garten, dazu französische Bohnen, in unserer irischen Butter gedünstet und mit Bohnenkraut – ebenfalls aus Greifs Garten – gewürzt. Dazu der französische Chicorée-Salat in Sahnesauce aus elsässischer Crème Fraîche und französischen Bio-Eiern, und schließlich ungarische Entenbrust in Weißweinsauce und mit Orangen. Dazu tranken wir südafrikanischen Weißwein. Die Nachspeise war „Crème Caramelle", ebenfalls aus Frankreich.

Ich aß mit Andacht und mit Dankbarkeit, und dann mit wachsendem Appetit, denn Gilla Greif ist eine hervorragende Köchin.

Zunächst wurde ich noch von drei besorgten Augenpaaren beobachtet, ob nicht eventuell eine „Sofortreaktion" einträte, aber als nichts dergleichen geschah, legte sich die Besorgnis und machte einem allgemeinen Schmausen Platz. Und alle Schüsseln wurden leer!

Und unsere Unterhaltung wurde immer lebhafter und vergnügter.

Wir vier boten optisch ein sehr differenziertes Bild rund um den Tisch: wegen der großen Tageshitze trugen meine Kinder und auch Gilla Greif bunte T-Shirts und Shorts, und dazwischen ich mit meinem elegantesten pinkfarbenen Kostüm.

Als die Kinder mich damit Zuhause sahen, waren sie erstaunt und fragten: „Wieso ziehst du dich so elegant an? Wir gehen doch nur zu unserer Nachbarin?"

„Für mich ist heute ein Fest", antwortete ich, „weil Gilla Greif für mich keine Mühe gescheut hat, damit ich bei ihr essen kann." Mein Sohn grinste und sagte mit einem Seitenblick zu unserem CD-Player: „Für mich wird das auch ein Fest: endlich einmal ein Abend ohne Andrea Bocelli."

Bei Frau Greif lief der Radiosender, den wir alle mögen, und meine beiden Teenies registrierten es und warfen mir zufriedene Blicke zu.

Da sprang Gilla Greif plötzlich noch während des Essens auf, sah mich mit einem verschmitzten Augenzwinkern an und sagte: „Es soll für Sie doch ein rundherum schöner Abend sein!" und drehte an ihrer Stereo-Anlage, und dann erfüllte die unverwechselbare Stimme des italienischen Startenores den Raum.

Mein Sohn seufzte, und ich lachte, daß mir nur so die Tränen über die Wangen liefen...

Dagmar Braunschweig-Pauli M.A., Trier, den 3. August 2002

GEFLÜGEL

FLIETEN MIT POMMES
oder Chicken Wings

Ca. 10 Minuten | 4 Personen | leicht

- Die Flieten ca. 5-7 Minuten in dem heißen Fett (= Friteuse) frittieren
- und anschließend gleichmäßig mit der selbst hergestellten Gewürzmischung bestreuen.
- Im vorgewärmten Backofen warm stellen, bis die Pommes Frites fertig sind.
- Die geschälten und im Salzwasser ca. 10-15 Minuten nicht ganz gar gekochten Kartoffeln (dadurch nehmen sie später beim Frittieren weniger Fett auf und sind aromatischer) abgießen und mindestens 30 Minuten abkühlen lassen.
- Danach werden sie in längliche Streifen geschnitten und ebenfalls frittiert.

16 *Hähnchenflügel*
Frittierfett

Gewürzmischung aus:
unjodiertem Salz/Siedesalz
Pfeffer
Paprika

Pommes Frites:
12-14 *mittelgroße Kartoffeln*
unjodiertes Salz/Siedesalz

Quelle:
Trierer Traditionsgericht aus Hähnchenflügeln.

GEFLÜGEL

ÜBERBACKENE PUTENBRUST

Ca. 45 Minuten 4 Personen leicht

4	Portionen Putenbrust
200 g	irische Butter
150 g	italienischer Provolone
2	mittlere Zwiebeln
2 EL	Kapern
100 g	italienischer Mascarpone
	unjodiertes Salz/Siedesalz
	weißer Pfeffer

• Putenbrust waschen und abtupfen und in der zerlassenen Butter bei mittlerer Hitze von beiden Seiten leicht anbraten und die gehackte Zwiebel und den Mascarpone dazugeben.
• Dann das Fleisch in eine Auflauf-Form legen, mit der Butter-Zwiebelsauce übergießen, nach Geschmack unjodiertes Salz, weißen Pfeffer und die Kapern darüber geben und den italienischen Provolone darüber reiben.
• Im Backofen auf mittlerer Schiene bei 180 Grad ca. 30 Minuten überbacken. Die überbackene Putenbrust ist fertig, sobald die Käsekruste leicht gebräunt ist.

Quelle: Familienrezept

GÄNSEKEULEN MIT ROTKRAUT

Ca. 2 1/2 Stunden | 4 Personen | mittel schwer

- Das überschüssige Fett von den Gänsekeulen entfernen, die Keulen waschen, mit unjodiertem Salz, Pfeffer und dem Majoran würzen und in einem großen Bratentopf in Öl von allen Seiten kross anbraten.
- Dann mit heißem Wasser ablöschen und zusammen mit den Apfelstückchen aus 1 Boskoop-Apfel weiter köcheln lassen.
- Sobald die Keulen gar sind, werden sie aus dem Bratentopf genommen, auf einer Platte angerichtet und warm gestellt, während der Bratenfond mit dem Mehl gebunden wird.
- In das Rotkraut das Lorbeerblatt und die Wacholderbeeren geben und zusammen mit den Stückchen des zweiten Boskoop-Apfels in der Butter dünsten.

4	ungarische Gänsekeulen
2	Boskoop-Äpfel
1/2	Tasse Olivenöl
	Majoran
	Unjodiertes Salz/Siedesalz
	Pfeffer
1-2 EL	Mehl
1 Glas	Rotkraut (gibt es unjodiert von dt. Firmen)
50 g	irische Butter
2	Lorbeerblätter
1 EL	Wacholderbeeren

Quelle: Gilla Greif, Trier.

Serviervorschlag:
Dazu passen Henglein-Kartoffelklöße wunderbar.

GEFLÜGEL

MARTINSGANS
auf ostpreußisch

Ca. 4-5 Stunden | 4 Personen | kompliziert

1	bereits ausgenommene Gans von ca. 3 -4 kg
2	Gemüsezwiebeln
	unjodiertes Salz/Siedesalz
	Pfeffer
	Beifuß
1	Tasse Bärenfang
50 g	französische Crème Fraîche

Füllung:

300 g	Backpflaumen
2	Winteräpfel, alte Sorten z.B. rote Sternrenetten oder Prinz Albrecht von Preußen oder Boskoop
250 g	flüssiger Bienenhonig
100 g	irische Butter
200 g	gehackte Mandeln
1 – 2 EL	Bärenfang

- **1 Tag** vorher werden die Backpflaumen in den mit ca. 1-2 EL Bärenfang verdünnten Bienenhonig eingelegt.
- **1 Stunde vor Beginn der Zubereitung** der Gans werden die Äpfel geschält, in kleine Stücke geschnitten und zusammen mit den gehackten Mandeln in zerlassener Butter leicht angedünstet.
- Danach werden die in Honig und Bärenfang eingeweichten Backpflaumen mit den in Butter gedünsteten Äpfeln und Mandeln vermischt.
- Zubereitung: Die bereits ausgenommene Gans wird von innen und außen sorgfältig unter fließendem, lauwarmem Wasser abgewaschen und das dicke Fettpolster am Halsansatz und am Pürzel wird abgeschnitten.
- Mit einem Pinsel wird die Gans zunächst innen mit Bärenfang ausgepinselt und dann mit der Apfel-Mandel-Backpflaumen-Honig-Füllung befüllt.
- Danach die Öffnung mit einem Zahnstocher verschliessen, die Gans von außen zuerst mit den Zwiebelhälften abreiben, dann mit dem Bärenfang bepinseln und schließlich mit etwas Beifuß und Pfeffer bestreuen.
- Zusammen mit den Zwiebelhälften wird die gefüllte Martinsgans in einen großen Römertopf gelegt, mit dem restlichen Bärenfang übergossen und abgedeckt bei ca. 180 Grad etwa 3- 3 1/2 Stunden im Backofen gebacken. Schon vor Ablauf der letzten halben Stunde können Sie einmal nachsehen, ob die Gans eine braune Kruste bekommen hat und gar ist.
- Sauce: In den Bratenfond 1-2 EL französische Crème Fraîche einrühren und mit Salz und Pfeffer abschmecken.

Quelle: Luise B., Ostpreußen

Serviervorschlag:
Köstlich schmecken dazu selbstgemachte Spätzle oder Kartoffelklöße mit „Mausohrsalat".

EIERSPEISEN*

🍴 KAISERSCHMARRN

⏱ Ca. 30 Minuten   👤 4 Personen   🔋 mittel schwer

• Das Eigelb wird vom Eiweiß getrennt und zusammen mit dem Zucker schaumig gerührt.
• Als nächstes kommen die Milch und das Mehl und die Prise Salz dazu und schließlich die eingeweichten Rosinen und das steif geschlagene Eiweiß.
Alles wird gut miteinander vermengt
• und in reichlich Butter auf beiden Seiten gebacken,
• dann mit der Gabel aufreißen,
• noch einmal kurz überbacken, und mit Puderzucker überstreuen.

4	unjodierte Eier
1/4 l	unjodierte Milch (s. Ersatzmilch, S. 32)
200 g	irische Butter
125 g	Mehl
30 g	Zucker
	Unjodiertes Salz/Siedesalz
1/2	Tasse eingeweichte Rosinen
	Puderzucker

Quelle: dtv-Küchenlexikon, S. 222.

Serviervorschlag:
Lecker schmeckt dazu jegliche süße Ergänzung wie Marmelade, Rübensirup, Schokoraspel oder Schokoladensauce. Und als Getränk paßt Kaffee wunderbar dazu.

*Vergewissern Sie sich, daß Ihre Eier von Hühnern stammen, die garantiert ohne künstliche Jodzusätze gefüttert worden sind, auch ohne Brot (meist jodiert)!

EIERSPEISEN

🍴 ZWIEBEL-KÄSE-OMELETTE

⏱ Ca. 1/2 Stunde   👤 4 Personen   📏 mittel schwer

6	unjodierte Eier
2-3 EL	Mehl
2	mittlere Zwiebeln
200 g	Scamorze (geräucherter Käse aus Italien)
1 Tasse	unjodierte Milch (s. Ersatzmilch, S. 32)
200 g	irische Butter
	unjodiertes Salz/Siedesalz

◆ Die Eier in eine Schüssel aufschlagen und mit einem Handrührbesen schaumig rühren,

◆ dann nach und nach das Salz, die Milch und das Mehl dazu geben und alles verrühren, bis eine cremige Flüssigkeit entstanden ist.

◆ In einer Pfanne mit bereits erhitzter Butter jeweils 1 Suppenkelle mit dieser Flüssigkeit auf einer Seite backen, bis der Teig fest geworden ist.

◆ Darüber die klein gehackten Zwiebeln und den geriebenen Käse streuen und einsinken lassen. ◆ Vor dem Wenden Butterflöckchen auf die noch nicht gebackene Zwiebel-Käse-Seite geben und nun auch die zweite Omelette-Seite knusprig backen.

◆ Vorsicht! Der Käseteig legt leicht an, weswegen ich immer noch kleine Butterstückchen vom Rand her unter den Teig in die Pfanne laufen lasse.

Quelle: Familienrezept

EIERSPEISEN

🍴 QUARK-PFANNKUCHEN

⏱ Ca. 1/2 Stunde 👤 4 Personen 📎 mittel schwer

• Die Eier in eine Schüssel aufschlagen und mit einem Handrührbesen schaumig rühren, dann nach und nach das Salz, die Milch und das Mehl dazu geben und alles verrühren, bis eine cremige Flüssigkeit entstanden ist.
• Dann die Quarkfüllung zubereiten, in dem etwas Vanillezucker aus echter Bourbonvanille in den Natur-Speisequark eingerührt wird.
• Nun wird in einer Pfanne mit bereits erhitzter Butter jeweils 1 Suppenkelle mit dem flüssigen Pfannkuchenteig auf beiden Seiten goldbraun backen, bis der Teig fest geworden ist.
• Schließlich kommt ein EL Vanillequark auf die Mitte des Pfannkuchens und der Teig wird an den Seiten umgeklappt, so daß eine Pfannkuchen-Tasche entsteht.
• Kurz in der Pfanne ziehen lassen, und nach Geschmack mit Puderzucker bestäuben oder mit Rübenkraut oder der Lieblingsmarmelade bestreichen. Schmeckt einfach wunderbar.

6	unjodierte Eier
1 Tasse	unjodierte Milch (s. Ersatzmilch, S. 32)
100 g	französischer Speisequark „Nicolait"
2-3 EL	Mehl
200 g	irische Butter echte Bourbonvanille
1 EL	Zucker
1 Prise	unjodiertes Salz/Siedesalz Lieblingsmarmelade oder Rübensirup

Quelle:
Marie Braunschweig, Rektorin i. R., Duisburg.

Serviervorschlag:
Zum Quark-Pfannekuchen trinke ich am liebsten arabischen Kaffee.

EIERSPEISEN

🍴 VERLORENE EIER
in Petersiliensauce

🕐 Ca. 20 Minuten   👤 4 Personen   ⬚ leicht

8	unjodierte Eier

Petersiliensauce:

1	Bund Petersilie
1	kleine Zwiebel
1	Tasse Mehl
1	Tasse lauwarmes Wasser
100-120 g	irische Butter
100 g	Französische Crème Fraîche
	unjodiertes Salz/Siedesalz

• *Die Eier* je nach Geschmack 5-10 Minuten kochen und in die fertige Petersiliensauce geben und noch einige Minuten ziehen lassen. Fertig.

• *Zubereitung der Petersiliensauce:*
Butter bei geringer Hitze zerlassen und
• bei fortwährendem Umrühren das Mehl in die flüssige Butter hineinstäuben, bis die allmählich zähflüssig gewordene Masse leicht gebräunt ist.
• Das lauwarme Wasser in kleinen Portionen unterrühren, bis die Einbrenne cremig-flüssig ist.
• Nun die Crème Fraîche unterrühren und die Zwiebeln und Petersilie klein hacken.
• Dann die Einbrenne vom Herd nehmen, mit Salz abschmecken und die gehackten Zwiebel und Petersilie in die Sauce geben.

Quelle:
Marie Braunschweig, Rektorin i.R., Duisburg.

Serviervorschlag:
Dazu schmecken Salz- oder Folienkartoffeln, aber auch Klöße sehr gut.

BAUERNFRÜHSTÜCK

Ca. 3/4 Stunde | 4 Personen | leicht

- Kartoffeln mit der Schale ca. 25 Minuten kochen, dann schälen und abkühlen lassen.
- Die Eier ca. 7 Minuten kochen, abschrecken und klein schneiden.
- Die Butter bei mittlerer Temperatur zerlassen und die klein gehackten Zwiebeln darin glasig werden lassen.
- Die in Würfeln geschnittene Fleischwurst hinzugeben und leicht anbräunen.
- Schließlich die Kartoffeln klein schneiden
- und ebenfalls in die Pfanne geben, bei mittlerer Temperatur leicht bräunen,
- die klein geschnittenen Eier dazugeben und mit Kümmel, Salz und Pfeffer abschmecken.

10	*mittlere, fest kochende Kartoffeln*
200 g	*Fleischwurst*
3	*unjodierte Eier*
3-4	*mittelgroße Zwiebeln*
150 g	*irische Butter*
	Kümmel (ungemahlen)
	Unjodiertes Salz/Siedesalz
	Pfeffer

Quelle: Familienrezept

Serviervorschlag:
Dazu schmeckt frisches Roggenbrot mit irischer Butter.

KARTOFFELGERICHTE

🍴 THÜRINGISCHER KARTOFFELSALAT

⏱ Ca. 40 Minuten   👤 4 Personen   🔘 leicht

1 L	Wasser
14	mittelgroße (mehlig kochende) Kartoffeln
4	mittelgroße Zwiebeln
200 g	irische Butter
	Zitronensaft von 1-2 Zitronen
1 –2 EL	Zucker
	Unjodiertes Salz/Siedesalz
	Petersilie oder Schnittlauch oder Kapern nach Geschmack

• Kartoffeln schälen und in 1 L Salzwasser ca. 20 Minuten gar kochen. Währenddessen die Zwiebeln klein schneiden und mit der zerbröckelten Butter in eine Schüssel geben.
• Nach 20 Minuten das Kartoffelwasser abschütten, die Kartoffeln noch 1-2 Minuten abdampfen lassen und dann in die mit Zwiebeln und Butter vorbereitete Schüssel geben. Darin werden die Kartoffeln zerkleinert und noch heiß mit den Zwiebeln und der Butter vermengt.
• Im Wechsel 1 EL Zucker, 1 Prise unjodiertes Salz und ein paar Tropfen Zitronensaft darüber geben und jedes Mal den Kartoffelsalat umschichten. • Eventuell noch etwas Butter nachgeben und mit Salz abschmecken und je nach Geschmack mit Petersilie oder Schnittlauch oder Kapern verfeinern. Der Salat wird warm gegessen.

Quelle: Frieda L., Thüringen.

Als Kind aß ich zum Kartoffelsalat am liebsten „Zwillingseier" als Spiegeleier gebraten. Bratwurst – z.B. Bauer Kortes Bratwurst – schmeckt ebenfalls vorzüglich dazu.

ÜBERBACKENE KÄSEKARTOFFELN

Ca. 1 1/2 Stunden | 4 Personen | leicht

- Die Kartoffeln schälen und ca. 20 Minuten in 1 L Salzwasser gar kochen.
- Kartoffeln dann in ca. 1-cm-dicke Scheiben schneiden und nebeneinander auf das Backblech legen.
- Das Olivenöl über die Kartoffelscheiben träufeln, den italienischen Provolone darüber reiben und Paprika-Gewürz darüber streuen.
- Im Backofen ca. 40 Minuten auf mittlerer Schiene bei etwa 180-200 Grad knusprig braun backen

1 L	Wasser
8-10	(oder mehr) mittelgroße, mehligkochende Kartoffeln
1-2	Tassen Olivenöl
200-300 g	italienischer Provolone
	Paprika-Gewürz
	unjodiertes Salz/Siedesalz

Quelle: Familienrezept

KARTOFFELGERICHTE

🍴 KARTOFFEL-AUFLAUF

🕐 Ca. 1 Stunde   👤 4 Personen   🔋 leicht

1 L	Wasser
12	mittlere festkochende Kartoffeln
6	Tomaten
1	Schlangengurke
1	mittlere Zwiebel
100 g	italienischer Provolone
100 ml	unjodierte Sahne (s. Ersatzsahne, S. 33)
50 g	irische Butter
	Majoran
	Thymian
1 Prise	unjodiertes Salz/Siedesalz
	schwarzer Pfeffer nach Geschmack

• Die Kartoffeln schälen, in 1L Salzwasser gar kochen und abkühlen lassen.

• In der Zwischenzeit wird eine große Auflaufform mit der Butter gut gefettet. Dann Tomaten, Gurke, Kartoffeln und Zwiebel klein schneiden und mit der Ersatzsahne, Majoran, Thymian, unjodiertem Salz und Pfeffer gut vermengen und in die Auflaufform geben.

• Darüber wird der Provolone gerieben und der Auflauf im Backofen auf mittlerer Schiene bei 200 Grad etwa 1/2 Stunde gebacken, bis die Käsekruste knusprig hellbraun geworden ist.

Quelle: mündlich

Serviervorschlag:
Das ist ein leichtes Sommergericht, zu dem frischer Blatt- oder Paprikasalat gut passen.

KARTOFFEL-BLUMENKOHL-AUFLAUF

Ca. 1 Stunde   4 Personen   leicht

- Die Kartoffeln schälen, in 1/2 L Salzwasser gar kochen und abgießen.
- Dann werden sie in einer Pfanne mit der Butter und den Zwiebeln leicht geröstet.
- Gleichzeitig wird der Blumenkohl zerkleinert und blanchiert.
- Bratkartoffeln und Blumenkohl werden dann in die mit Butter gefettete Auflaufform gegeben und vorsichtig miteinander vermengt.
- Schließlich die Sauce aus den Eiern und der Milch darüber gießen und leicht unterheben,
- mit Salz und Pfeffer würzen,
- Provolone in dicker Schicht und etwas Muskatnuß darüber reiben
- und den Auflauf auf mittlerer Schiene bei ca. 200 Grad ca. 25 Minuten backen.

1/2 L	Wasser
4	fest kochende Kartoffeln
1/4	Blumenkohl
2	mittlere Zwiebeln
200 g	irische Butter
2	unjodierte Eier
1	Tasse unjodierte Milch (s. Ersatzmilch, S. 32)
	unjodiertes Salz/Siedesalz
	weißer Pfeffer
200 g	italienischer Provolone
	Muskatnuß

Quelle: Familienrezept

Serviervorschlag:
Dazu schmeckt grüner Salat.

🍴 KARTOFFELKLÖSSE
mit Sauce

⏱ Ca. 40 Minuten 👤 4 Personen ▯ leicht

750 g	Henglein Kloßteig
2	unjodierte Tafelbrötchen
100 g	irische Butter
1 EL	unjodiertes Salz
3 L	Wasser

- Den Kloßteig nach der auf der Verpackung aufgedruckten Anweisung zubereiten.
- Dann die Brötchen in kleine Würfel schneiden und in der zerlassenen Butter kross anrösten.
- Von diesen „Bröckelchen" kommen 2-3 als Füllung in jeden der ca. 6 Klöße, die Sie aus dem Kloßteig formen können.
- Nun werden die Klöße vorsichtig in leicht gesalzenes, kochendes Wasser eingelegt und ca. 25 Minuten im offenen Topf ziehen gelassen.

Quelle: Thüringisches Familienrezept

Serviervorschlag:
Dazu passt jede Bratensauce, aber auch Pilz- oder Petersiliensauce (Seite 53)

🍴 SELBSTGEMACHTE BANDNUDELN

Ca. 15 Minuten | 4 Personen | leicht

- Für die Bandnudeln werden Mehl und die 4 Eier mit etwas Wasser und einer Prise unjodiertem Salz zusammengerührt und etwa 1/2 Stunde stehen gelassen.
- Danach den Nudelteig gut durchkneten
- und auf einem Brett zu einem dünnen Teigfladen ausrollen
- und schließlich den Teig zu einer Rolle zusammenrollen.
- Teigrolle in ganz dünne Teigscheibchen schneiden und diese langsam vom Brett in das köchelnde Salzwasser gleiten lassen.
- Wenn die Bandnudeln hochkommen, können die Nudeln abgegossen werden.

4 L	Wasser
300 g	Weizenmehl
4	unjodierte Eier
	unjodiertes Salz/Siedesalz
	Muskatnuß

Quelle: Frieda L., Thüringen

Serviervorschlag:
Schmeckt lecker mit Butter und Muskatnuß, aber auch mit Tomaten- oder Gorgonzolasauce.

FAUSTFORMEL ZUM PASTA KOCHEN:

100 gr	Pasta
10 gr	Salz
1 l	Wasser

- Im offenen Topf in stark kochendem Wasser ohne Öl kochen, ab und zu umrühren.
- Gut schmeckt Pasta, wenn Sie anstelle Salz reichlich Gemüsebrühe verwenden.
- Bei gekauften Teigwaren wie z.B. Spaghetti nehmen Sie die Nudeln 1 Minute vor der empfohlenen Garzeit aus dem Wasser (nicht abschrecken) und lassen sie in Ihrer Sauce garziehen. Die übrigen Nudeln begießen Sie NACH dem Kochen mit etwas Olivenöl. So vermeiden Sie das Zusammenkleben der Nudeln und diese halten sich im Kühlschrank länger.

NUDELN

🍴 SELBSTGEMACHTE SPÄTZLE

Ca. 30 Minuten | 4 Personen | leicht

4 L	Wasser
300 g	Mehl
4	unjodierte Eier
	unjodiertes Salz/Siedesalz
150 g	irische Butter

- Für die Spätzle werden Mehl und die 4 Eier mit etwas Wasser und einer Prise unjodiertem Salz zusammengerührt und etwa 1/2 Stunde stehen gelassen.
- Salzwasser zum Kochen bringen und die Spätzle-Presse über den Topf hängen, den Teig esslöffelweise hineingeben und langsam in das kochende Wasser drücken.
- Die nach etwa 1 1/2 Minuten hochgekochten Spätzle mit einem Schaumlöffel herausheben und in eine bereit stehende Schüssel mit kaltem Wasser gleiten lassen.
- Je nach Teigmenge muß dieser Vorgang mehrmals wiederholt werden.
- Danach die abgekühlten Spätzle abgießen und in einer Pfanne mit zerlassener Butter wieder erhitzen.

Quelle: mündlich, Schwäbische Spezialität

Serviervorschlag:
Spätzle schmecken zu allen Saucen und Fleischgerichten.

🍴 NUDELN

mit Tomaten-Paprika-Kapern-Sauce

⏱ Ca. 30 Minuten   👤 4 Personen   ▯ leicht

- Nudeln aus Hartweizengries in 2 Liter kochendem Salzwasser weich kochen,
- abgießen und in der zerlassenen Butter erhitzen.
- Für die Tomaten-Paprika-Kapern-Sauce werden die klein geschnittenen Zwiebeln in der Butter glasig gedünstet,
- die klein geschnittenen Tomaten und Paprika und der Provolone hinzu gegeben
- und mit unjodiertem Salz, Zucker, weißem Pfeffer und italienischen Kräutern gewürzt.
- Schließlich werden die Kapern in die Käse-Gemüse-Masse gegeben und alles zusammen mit den Nudeln vermengt.
- In einer großen Schüssel servieren.

Quelle: Familienrezept

2 L	Wasser
500 g	italienische Nudeln aus Hartweizengries (o.Ei)
	unjodiertes Salz/Siedesalz
50 g	irische Butter

Tomaten-Paprika-Kapern-Sauce:

4-5	mittlere Tomaten
Je 1	rote und grüne Paprika
2-3	mittlere Zwiebeln
150 g	irische Butter
50-100 g	italienischer Provolone
2-3 EL	Kapern
	unjodiertes Salz/Siedesalz
1 TL	Zucker
	weißer Pfeffer
	italienische Kräuter

REIS

🍴 GEMÜSEREIS IN DER PFANNE

🕐 Ca. 20 Minuten   👤 4 Personen   🔲 leicht

1 L	Wasser
2	Tassen Natur- oder Basmati-Reis
3	Gemüsezwiebeln oder
6	mittlere Zwiebeln
je 1	rote Paprika, grüne Paprika
4	Tomaten
1/2	Zuccini
100 g	irische Butter
100 g	italienischer Grano Padano (=Reibekäse)
	unjodiertes Salz/Siedesalz
	Pfeffer
2	Nelken
	Nach Geschmack:
	Kapern und/oder Oliven
	Petersilie oder Schnittlauch

- Eine Zwiebel halbieren und mit je einer Nelke spicken und in etwas Butter andünsten,
- mit 1 L Wasser ablöschen und gut 1/2 Stunde köcheln lassen.
- Dann den Reis ohne Salz in dem Zwiebel-Nelkensud wie gewohnt kochen.
- In der Zwischenzeit die Butter in einer Pfanne zerlassen, darin die klein geschnittenen Zwiebeln andünsten und nach und nach das ebenfalls klein geschnittene Gemüse dazugeben.
- Dann den garen Reis abschütten und abdampfen lassen, unter das Gemüse geben, mit Salz und Pfeffer würzen und nach Geschmack noch Kapern und zerkleinerte Oliven dazugeben.
- Schließlich den Grano Padano über den Gemüsereis reiben und alles noch zugedeckt ca. 5 Minuten bei mittlerer Hitze dünsten.

Quelle: Dr. Heinrich Pauli, Bonn 1979

Serviervorschlag:
Mit gehackter Petersilie bzw. klein geschnittenem Schnittlauch anrichten. Guten Appetit!.

Das ist ein leichtes warmes Gericht aus unserer Studentenzeit, das man auch noch abends nach der Uni schnell zubereiten kann.

🍴 GEFÜLLTE TOMATEN / PAPRIKA
mit Kapernreis

⏱ Ca. 45 Minuten   👤 4 Personen   🔋 leicht

a) Gefüllte Paprika
- Die 4 Paprika aushöhlen und die abgeschnittenen Deckel zum „Zudecken" der gefüllten Paprika aufheben.
- Die Füllung wird aus der Mischung von klein geschnittenem Fleisch oder zerkleinerten Eiern und in Butter gedünsteten Zwiebeln zubereitet, mit Mascarpone, Salz und Pfeffer abgeschmeckt und in die 4 Paprika gefüllt, die dann mit dem Deckel wieder zugedeckt werden.
- Reis separat in einem anderen Topf kochen.
- Die 4 Paprika nebeneinander in einen Topf stellen und in etwas zerlassener Butter zugedeckt so lange dünsten, bis der Reis gar ist.
- Den Reis nun ohne Salz in in 1/2 L Wasser gar kochen, abgießen und Butterflöckchen und die Kapern unterrühren und die gehackte Petersilie darüber streuen.

b) Gefüllte Tomaten
- Die 8 Tomaten werden ausgehöhlt, wobei die abgeschnittenen Deckel zum Verschließen der gefüllten Tomaten aufgehoben werden.
- Das Tomatenfleisch wird zusammen mit den klein geschnittenen Fleischstückchen oder Eiern, den in Butter gedünsteten Zwiebeln, Mascarpone und Salz und Pfeffer zur Füllung verarbeitet. Alles wird dann in die ausgehöhlten Tomaten gefüllt, mit den Tomatendeckeln zugedeckt,
- und in zerlassener Butter in einem geschlossenen Topf bei niedriger Temperatur gedünstet.

1/2 L	Wasser
a) 4	**große Paprika oder**
b) 8	**Fleischtomaten**
4 EL	Kapern
4	mittlere Zwiebeln
200 g	irische Butter
100 ml	unjodierte Sahne (s. Ersatzsahne, S. 33)
	unjodiertes Salz/Siedesalz
	weißer Pfeffer
	Petersilie
4	Tassen Reis (nach Belieben Naturreis, Basmati etc.)
200 g	gekochtes Rind-, Puten- oder Schweinefleisch
	oder
4	gekochte Eier (je nach Einkaufsmöglichkeit)

Quelle: Familienrezept

Serviervorschlag:
Im Reis-Kapern-Rand servieren.

MILCHREIS MIT ZIMT
oder Orangensaft

Ca. 45 Minuten | 4 Personen | leicht

4	Tassen Milchreis
3/4 L	unjodierte Milch (s. Ersatzmilch, S. 32)
250 g	irische Butter
1	Stange Zimt
1 EL	Zucker
1 Prise	unjodiertes Salz/Siedesalz
1	Schälchen Zimt-Zucker
1/4 L	frisch gepreßter Orangensaft

Zimt-Zucker-Mischung:

100 g	Zucker
1	gestrichener Eierlöffel Zimt

- Der gewaschene Milchreis wird in einem mittleren Topf zusammen mit 1/2 Liter Milch, 1 EL Zucker, der Prise Salz, der Zimtstange und etwas Butter bei geringer Hitze angesetzt und unter öfterem Umrühren (Vorsicht! Milchreis brennt leicht an!) und wiederholtem Nachfüllen von etwas Milch langsam zum Aufkochen gebracht.
- Dann lässt man den Milchreis bei geringster Temperatur aufquellen, ebenfalls, wenn nötig, unter weiterer Zugabe von Milch.
- Nebenbei kann die Zimt-Zucker-Mischung zubereitet werden.
- In einem Tiegelchen lässt man die restliche Butter neben der Herdplatte langsam flüssig werden.

Quelle: Familienrezept

Serviervorschlag:
Serviert wird der Milchreis in einem Suppenteller, mit der zerlassenen Butter übergossen und dem Zimtzucker bestreut. An Stelle der Butter gab es bei uns zum Milchreis auch oft frisch gepressten Orangensaft.

Wenn ich an Milchreis denke, sehe ich noch vor meinem geistigen Auge, wie meine Großmutter, um Heizmaterial – in den 50-iger Jahren waren das Briketts und Holz – zu sparen, nach dem Aufkochen den Topf mit dem Milchreis in ein sauberes Handtuch wickelte und dieses „Kochpaket" unter eine Daunendecke steckte.
Auf diese Weise blieb die für das Quellen des Reises erforderliche Wärme erhalten.

🍴 SELBSTGEMACHTE PIZZA

🕐 Ca. 1 Stunde   👤 4 Personen   📎 mittel schwer

- Das Mehl für den Hefeteig in eine Backschüssel sieben und bei ca. 50 Grad im Backofen erwärmen. In der Zwischenzeit das Wasser leicht erwärmen, die Hefe hinein bröckeln und verrühren.
- Die Backschüssel mit dem warmen Mehl aus dem Backofen holen, eine Kuhle in das Mehl formen, und die flüssige Hefe langsam in diese Mehlkuhle gießen. Das Salz – darf nicht mit der Hefe in Berührung kommen, weil diese sonst nicht mehr geht! – wird im Mehlrand vorsichtig untergehoben.
- Die Backschüssel mit dem Mehl und dem „Hefestöckchen" wird noch einmal für ca. 15 Minuten in den warmen Backofen geschoben, bis die Hefe zum Mehlrand (manchmal auch darüber) aufgestiegen ist. In dieser Zeit die Butter auf kleiner Hitzestufe flüssig werden lassen.
- Nun die Backschüssel vorsichtig – Hefe mag weder schnelle Bewegung noch Zugluft! - aus dem Ofen nehmen und Hefe, Mehl und flüssige Butter mit einem Holzlöffel gut verrühren. Danach den Teig ausgiebig kneten, bis er eine feste Konsistenz hat,
- auf dem mit Butter vorgefettetem Blech ausrollen und an den Blechrändern nach oben auslaufen lassen.
- Den Teigboden ca. 10 Minuten bei mittlerer Hitze auf mittlerer Schiene vorbacken.
- In dieser Zeit das Gemüse für den Belag klein schneiden, mit den italienischen Kräutern vermengen und mit Salz abschmecken.
- Nun wird der vorgebackene Teig wieder aus dem Backofen geholt - wobei der Backofen an bleibt - und dick mit dem Tomatenmark bestrichen.
- Darauf kommt der Belag, zuerst Schinken oder Wurst, dann das gewürzte Gemüse sowie schließlich die Ananas, Zwiebelringe und Pilze.
- Darüber wird der Provolone in dicker Schicht gerieben und bei ca. 200 Grad auf mittlerer Schiene im vorgeheizten Backofen ca. 20 Minuten gebacken.

Quelle: Familienrezept

Hefeteig:

2	Päckchen Hefe à 42 g
300 g	Mehl
1/8 L	Wasser
200 g	irische Butter
1/2 TL	unjodiertes Salz/Siedesalz

Grund-Belag:

280 g	italienisches Tomatenmark
	italienische Kräuter
5-6	Tomaten
Je 1	rote und grüne Paprika
200 g	italienischer Provolone-Käse

Zusatz-Belag:
je nach Geschmack:
Zwiebeln, Kapern, Ananasstückchen, Oliven, Chilischoten (klein geschnitten), Pilze, Schinken, Fleischwurst, Salami, etc.

🍴 TIEFKÜHL-PIZZA VERFEINERT

Ca. 20 Minuten | 4 Personen | leicht

4	original in Italien (mit italienischen) oder in Frankreich (mit französischen) Zutaten hergestellte Pizza „Margherita"

Zusatz-Belag:

4	Tomaten
Je 1	rote und grüne Paprika
2	mittelgroße Zwiebeln
12	Scheiben Salami oder
4	Scheiben gekochter Schinken Kapern und/oder Oliven und/oder Ananas Italienische Kräuter
200 g	italienischer Provolone

- Je nach Geschmack die Salami oder den Schinken (oder beides!) auf den 4 noch kalten Pizzen verteilen
- und darüber die klein geschnittenen Tomaten, Paprika, Zwiebeln, Ananas und Oliven gleichmäßig auslegen.
- Provolone großzügig in dicker Schicht darüber reiben
- und im vorgeheizten Ofen bei 200 Grad ca. 15 Minuten (siehe Packung) backen.

Quelle: Familienrezept

DER EINKAUFSZETTEL

Seitdem es praktisch keine unjodierten Milchprodukte, also auch keine unjodierte Sahne mehr in Deutschland gibt, wurde der italienische Provolone zum univerisellen Bestandteil sämtlicher Gerichte, die früher, in der nichtjodierten Zeit, mit süßer oder saurer Sahne zubereitet werden konnten. Und egal, wie viel Zeit ich hatte, das Anstehen an der Käsetheke, um den unverzichtbaren täglichen Provolone zu kaufen, musste drin sein. Diesmal war es eine unterhaltsame Wartezeit gewesen.

Die Warteschlange am Käsestand war wie immer ziemlich lang.

Aber ihm machte das nichts aus: er war versunken in den Anblick der reizenden Käsefrau, die hinter der Theke hantierte, die Käse aus der Auslage nahm, die gewünschten Portionen abschnitt, abwog, einwickelte, und sie den Kunden dann mit einem freundlichen Lächeln reichte.

„Was darf es bitte sein?"

Endlich war er dran, und hatte es gar nicht bemerkt.

„4 Scheiben Gouda", las er zögernd von seinem Einkaufzettel ab.

Die Käsefrau griff sich den Gouda, ging mit ihm zur Schneidemaschine, schnitt die gewünschten 4 Scheiben ab, wog sie, wickelte sie ein, und fragte dann freundlich, wie es ihre Art war: „Darfs noch etwas sein?"

Wieder musste er sich zusammen reißen, sah auf seinen Zettel und sah sie mit abwesendem Blick an und sagte langsam: Ein Stück französischen Camembert, bitte."

Ein Griff, ein Schritt zur Waage, alles eingewickelt, und die immer zu schnell und überraschend gestellte Frage: „Darfs noch etwas sein?"

Er räusperte sich, riß seinen Blick von ihr los, las seinen Einkaufszettel aufs neue, sah sie wieder an und sagte, sie versunken ansehend: „Ein Schaumbad, bitte."

Dagmar Braunschweig-Pauli M.A., Trier, den 3. August 2002

SALAT

🍴 AVOCADO-SALAT

🕐 Ca. 10 Minuten   👤 4 Personen   🛢 leicht

2	Avocados
2	Tomaten
	Paprika, rot oder grün
	Essig, Olivenöl
100 g	italienischer Provolone
	unjodiertes Salz/Siedesalz
	weißer Pfeffer
	Schnittlauch
	Petersilie
	Dill

• Die Avocados halbieren, schälen und die Steine entfernen, dann in kleine Stücke schneiden.
• Nun die Tomaten und die Paprika klein schneiden, mit Salz und Pfeffer abschmecken, mit den kleingeschnittenen Avocados vermischen und auf die flachen Salatteller verteilen.
• Dann eine Salat-Dressing aus Essig und Öl mit den Kräutern herstellen und über den 4 Avocado-Salat-Portionen verteilen.
• Über die fertigen Salate wird der italienische Provolone gerieben.

Quelle: Familienrezept

Serviervorschlag:
Dazu passt Baguette mit Knoblauchbutter.

🍴 CHICORÉE MIT ROQUEFORT

Ca. 10 Minuten | 4 Personen | leicht

- Die Chicorée-Blätter waschen und je 4 Blätter in Form einer Blüte auf dem Dessert-Teller ausbreiten.
- Nun die Salat-Vinaigrette aus Öl, Essig oder Balsamico, mit Salz, Pfeffer und einer Prise Zucker anrühren und gleichmäßig über die Chicorée-Blätter gießen,
- und schließlich den Roquefort-Käse über diese Chicorée-Blüten bröseln – fertig.

16	Chicorée-Blätter
	Öl
	Essig/Balsamico
	Unjodiertes Salz/Siedesalz
	Pfeffer
1 Prise	Zucker
50 g	französischer Roquefort-Käse

Quelle: Gilla Greif, Trier.

Serviervorschlag:
Dazu frisches französisches Baguette! Prima!

SALAT

🍴 GURKENSALAT

⏱ Ca. 10 Minuten 👤 4 Personen 🔋 leicht

1-2	Schlangengurken (je nach Größe)
1 1/2	Zitronen, der Saft
2 EL	saure unjodierte Sahne (s. Ersatzsahne, S. 32)
1 TL	Mascorbado (=reiner Rohrzucker)
	unjodiertes Salz/Siedesalz
	Dill (gehackt)

• Je nach Herkunft die Gurke ungeschält auf der Gurkenreibe in hauchdünne Scheibchen raspeln und mit Salz gut vermengen.
Ich mache das genau wie meine Großmutter: ich wasche mir noch einmal extra gründlich die Hände und knete die geriebenen Gurkenscheibchen mit den Händen in einer Schüssel gut durch, während ich das Salz in kleinen Prisen dazugebe.

• Dann vermische ich die Salat-Sauce aus Ersatzsahne, Zitronensaft, Rohrzucker, Salz und gehacktem Dill mit den Gurkenscheibchen. Fertig.

Quelle: Familienrezept

MAUSOHRSALAT ODER FELDSALAT

Ca. 2 Stunden | 4 Personen | mittel schwer

- Die Salatpflänzchen einzeln waschen, den Wurzelteil entfernen, und in einer Seihe zur Seite stellen, bis die Salatsauce fertig ist.
- Diese wird aus der sauren Ersatzsahne aus französischer Crème Fraîche hergestellt, mit dem Saft 1 großen Zitrone
– wenn nötig noch den Saft von einer weiteren 1/2 Zitrone dazu tun – verrührt, bis ein cremiges Dressing entstanden ist,
- und mit Salz, Zucker und den klein gehackten Zwiebeln und Kräutern gewürzt.
- Der Mausohrsalat wird leicht unter dieses Sahnedressing gehoben– fertig und lecker!

400 g	Feldsalat – mundartlich „Mausohrsalat"
1	evtl 1 1/2 Zitronen, der Saft
1	kleine Zwiebel
2-4 EL	saure unjodierte Sahne (s. Ersatzsahne, S. 32)
	unjodiertes Salz/Siedesalz
	Pfeffer
1-2 TL	Rohrzucker
	Petersilie
	Schnittlauch
	Dill

Quelle: Familienrezept

Auch wenn man über den Zucker in der Marinade erst einmal stutzt – er gibt dem Dressing eine besondere Note, und der Salat schmeckt damit wirklich abgerundet. Probieren Sie es aus, so wie es der Professor meines Mannes tat. Nachdem er die erste Gabel mit meinem Mausohrsalat – zum Rinderfilet – im Munde hatte, hörte er zu kauen auf, sah mich mit erhobenen Augenbrauen irritiert an und fragte: „Haben Sie etwa Zucker im Salat?". „Natürlich", antwortete ich, „ das machen wir Zuhause immer so." „Zucker im Salat" – murrte er ärgerlich, „so was esse ich nicht!" Aber er aß den Salat trotzdem auf.

🍴 PAPRIKA-ANANAS-SALAT

Ca. 20 Minuten | 4 Personen | leicht

Je 1	Paprika, rot und grün
2	Tomaten
1/2	frische Ananas
50 g	geriebener italienischer Grano Padano-Käse
	Essig, Öl
	unjodiertes Salz/Siedesalz
	Weißer Pfeffer

- Die Tomaten mit heißem Wasser überbrühen, dann die Schale abpellen und klein schneiden.
- Nun die Paprika wie gewohnt klein schneiden, mit den Tomaten vermischen und mit Salz und Pfeffer abschmecken.
- Aus Essig und Öl eine Marinade bereiten und unter den Paprika-Tomaten-Salat mischen, und darüber den geriebenen Grano Padano-Käse streuen.
- Schließlich die Ananas schälen, erst in Scheiben und diese dann in kleine Stückchen schneiden und vorsichtig unter den Salat heben.

Quelle: Dagmar Braunschweig-Pauli M.A., Bamberg 1985

ROTE BEETE-SALAT

Ca. 1 Stunde   4 Personen   leicht

- Die Rote Beete mit dem kalten Wasser aufsetzen, ca. 30-40 Minuten gar kochen
- und unter fließendem kalten Wasser wieder abkühlen und die Haut abziehen. Benutzen Sie Handschuhe dazu, Rote Beete färben nachhaltig!
- Dann kann sie in dünne Scheibchen geraspelt werden.
- In der Zwischenzeit wird die Marinade aus Zitronensaft, gehackten Zwiebeln, Rohrzucker, Salz und Bohnenkraut angerührt,
- und diese dann gut mit den Rote Beete-Scheibchen vermischt.
- Etwas ziehen lassen – fertig und köstlich!

1 1/2 L	Wasser
2	mittlere rote Beete
1	mittlere Zwiebel
1	Zitrone, der Saft
1 EL	Rohrzucker
	unjodiertes Salz/Siedesalz
2 EL	Bohnenkraut
	– wenn möglich frisch

Quelle: Dagmar Braunschweig-Pauli M.A., Bonn 1980

Mein Leib- und Magenkraut
Vom Duft bis zum Geschmack: Bohnenkraut ist mein Kraut, das für mich die meisten Speisen verfeinert (außer Kartoffelsalat).

Ein Gast, irritiert, daß ich Bohnenkraut außer an Bohnen auch an die Rote Beete gab, kostete vorsichtig davon, wiegte dann den Kopf hin und her und sagte zögernd: „... aber es hat was."

SALAT

🍴 WURSTSALAT MIT MUSIK*

⏱ Ca. 10 Minuten 👤 4 Personen 💊 leicht

4   *dicke Scheiben Leberkäse*
     – andernorts auch
     Fleischkäse genannt
4   *mittlere Zwiebeln*
     Essig
     Öl
     unjodiertes Salz/Siedesalz
     Schwarzer Pfeffer
     Petersilie

- Eine Salat-Sauce mit Essig und Öl anrühren,
- mit Salz und Pfeffer, gehackter Petersilie und 2 gehackten Zwiebeln abschmecken
- und die in kleine Würfeln geschnittenen Wurstscheiben darunter heben.
- Die anderen beiden Zwiebeln in Ringe schneiden und jede Portion damit verzieren.

Quelle: Von uns 1984 entdeckte Fränkische Spezialität. Sie fehlt „auf den Kellern" auf keiner mit Kreide beschriebenen Brotzeittafel.

Serviervorschlag:
Dazu passen Salzbrezeln oder Semmeln und Kellerbier.

* Mundartlicher Humor:
„mit Musik" bezieht sich auf die Zwiebeln ...

Über Zwiebeln gibt es überhaupt verschiedene nette Sprüche.
Mein Sohn sagt: „Wenn die Köchin auf die Zwiebeln weint, am nächsten Tag die Sonne scheint."

Wenn mein thüringischer Großvater meine Großmutter bat, recht viele Zwiebeln an den warmen Kartoffelsalat zu geben, sagte er dazu:
„A Zwiebele verdirbt nix."

DER ERSTE KELLERBESUCH

Es hatte sie vom Rhein an die Regnitz verschlagen, um genau zu sein, von Bonn nach Bamberg. Die Entfernung zwischen beiden Städten ist, in Kilometern ausgedrückt, nicht sehr groß. Es sind nur 400 Kilometer. Aber wenn man sie, wie in diesem Falle, in östlicher Richtung zurückgelegt hat, ist man doch in eine etwas andere Gegenwart eingetaucht. Jedenfalls hatten sie das Gefühl (das sie während ihrer gesamten Bamberger Zeit nicht verließ), in eine ein klein wenig verwunschene Welt versetzt worden zu sein.

Jeder Einkaufsgang geriet zu einer Entdeckungsreise, jeder verstohlene Blick durch offen stehende Hoftore war eine Überraschung. Sie waren im Rosengarten die winzigen Buchsbaumalleen zwischen den Rosenbeeten entlang gewandelt, und sie hatten mit den steinernen Putten stumme Zwiesprache gehalten. Sie hatten sich im Dom, den unerwartet kleinen Reiter im Rücken, die Hälse nach dem Zungenblecker verrenkt und wussten bereits, daß der Neptun am Grünen Markt „Gabelmo" heißt.

Wenn sie durch den Domgrund schlenderten und am Knöcklein stehen blieben, zitierten sie: „Auf dem Kaulberg kein Wind, in der Sutte kein Kind." Oh ja, sie kannten sich schon großartig aus, beinahe wie geborene Insider. Ihre Hausbesitzerin lächelte, wenn sie begeistert von ihren Tagesentdeckungen berichteten. „Waren Sie denn auch schon auf einem Keller gewesen?" fragte die Hausbesitzerin.

Beide schüttelten den Kopf. Sie waren durchaus nicht neugierig darauf, Keller irgendeiner Art kennen zu lernen. Die Erinnerung an ihren letzten Keller war noch sehr frisch und unerfreulich: da hatte ein Gewitterregen den Keller überschwemmt, und sie hatten es erst zwei Tage später bemerkt - aber da waren die Umzugskisten mit den Büchern schon völlig durchweicht gewesen. Sie schüttelten sich innerlich noch in Erinnerung an die klatschnassen Bücher, die sie tagelang in engen Reihen in der Garageneinfahrt hatten trocknen müssen. Nein, Keller wollten sie eigentlich im Moment nicht besichtigen, erklärten sie. „Das sollten Sie aber", beharrte ihre Hausbesitzerin, „heute ist Kellerwetter. Fahren Sie einfach über die Dörfer," fuhr sie fort, „da sind überall die Keller geöffnet."

Sie fuhren los, in die sonnige Sommerlandschaft hinein. Überall kamen sie an Gaststätten vorbei, vor deren Türen große Schiefertafeln standen mit der Kreideaufschrift: „Gaststube geschlossen - Keller geöffnet." Zuerst dachten sie noch: „Ach nein, in einen Keller setzen wir uns jetzt nicht bei diesem schönen Wetter." Aber nachdem sie an mehreren Schildern mit ähnlicher Aufschrift vorbeigefahren waren, wurden sie doch neugierig. Sie hielten beim nächsten Schild an und stiegen aus. Der Marktplatz war, bis auf ihr Auto, leer. Er probierte die Klinke der Gasthaustüre. Abgeschlossen. Es stimmte also, die Gaststube war geschlossen. Sie umrundeten das Gebäude und suchten die Kellertüre. Aber sie war ebenfalls abgeschlossen.

Sie gingen wieder zum Eingang zurück und lasen das Schild noch einmal und sahen sich ratlos an. Da stand doch klar und deutlich: „Keller geöffnet." Wieso war dann die Kellertüre abgeschlossen? „Gaststube geschlossen – stimmt", rekapitulierte er laut und drückte noch einmal bestätigend auf die Türklinke. „Keller geöffnet – stimmt nicht", stellte er fest und schüttelte verwundert den Kopf. Sie lachte. „Wir stehen hier wie die berühmten Ochsen!" – „Das ist ein Missverständnis", sagte er nachdenklich, „aber ich kann es mir beim besten Willen nicht erklären. Ich komme mir unbeschreiblich dumm vor!"

Entschlossen, dieses Rätsel zu lösen, fuhren sie die Dorfstraße entlang. Schließlich fanden Sie einen Bauern, der ihnen vom Traktor herunter die Richtung zum Keller wies: „Immer der Kellerstraße nach", sagte er. Das taten sie, und die Straße wurde belebter, d.h. rechts und links von ihr parkten Autos in immer dichterer Folge, und der Parkplatz, in den die Kellerstraße mündete, war hoffnungslos überfüllt. Sie befanden sich, sozusagen vor den Toren des Dorfes, vor einem kleinen Waldstück mit hohen, alten Bäumen, von wo ein vielstimmiges Stimmengewirr zu hören war. Irgendwo mussten ja die vielen Leute, die hier ihre Autos geparkt hatten, auch stecken.

Auf langen Holzbänken an ebenso langen Holztischen, die in vielen Reihen unter den Bäumen aufgestellt waren, saßen die Leute, junge und ältere und alte, mit Bierkrügen und Brotzeittellern vor sich, Kinder tobten herum, Hunde waren dabei. Es wurde gelacht und gerufen und gestikuliert. Es war ein buntes und fröhliches Bild. „Wie Brueghel in Franken", sagte sie amüsiert. Offensichtlich waren sie in eine Gartenwirtschaft geraten, sogar in eine sehr große. Sie traten an den Bierausschank, und er fragte höflich: „Wie kommen wir bitte zum Keller?"

Es kann nur das Hochdeutsch gewesen sein. Das unbeschreiblich verblüffte Gesicht des Wirtes legte sich in vergnügte Schmunzelfalten und er antwortete nachsichtig: „Ihr seids fei scho do!"

(Dagmar Pauli: „Der erste Kellerbesuch. Dagmar Pauli berichtet über ein weit verbreitetes Missverständnis" in: „Fränkischer Sonntag", 29. Juni 1996)

🍴 GERUPFTER KÄS

⏱ Ca. 15 Minuten   👤 4 Personen   🔋 leicht

- Den Camembert mit einer Gabel zerdrücken (=rupfen)
- und zusammen mit Frischkäse, Eigelb, Butter und gehackten Zwiebeln vermengen, bis eine dicke, steife Käsecreme entsteht.

Quelle: Fränkische Spezialität, entdeckt in Bamberg am 23. September 1985.

Serviervorschlag:
Serviert wird dieser „Gerupfte Käs" auf einem Salatblatt, mit Paprikapulver bestreut und Zwiebelringen und italienischen Grissinis garniert. Köstlich!
Dazu trinkt man Bayerisches Bier, und, wenn möglich, das Bamberger Rauchbier von „Schlenkerla".

1	weicher frz. oder ital. Camembert
1	unjodierter Frischkäse
1-2 EL	irische Butter
1	unjodiertes Eigelb (gekocht)
1	mittlere Zwiebel (gehackt)
1	mittlere Zwiebel in Ringe geschnitten
	Paprikapulver
	Petersilie

Verzierung:
4 Salatblätter, 8 Salzstangen oder Salzbrezeln

SCHNELL UND LECKER

🍴 KÄSEBRÖTCHEN ÜBERBACKEN

Ca. 30 Minuten | 4 Personen | leicht

4	Roggenbrötchen
50 g	irische Butter
2	Tomaten
1	mittlere Zwiebel
1 EL	Kapern
100 g	italienischer Provolone

- Die Roggenbrötchen werden halbiert,
- mit der irischen Butter bestrichen
- und mit dünnen Tomatenscheiben, Zwiebelringen und einigen Kapern belegt.
- Den Provolone ebenfalls in dünne Scheiben schneiden, darüber legen,
- und bei 200 Grad auf mittlerer Schiene ca. 20 Minuten im Backofen backen.

Quelle: Familienrezept

Keine Ahnung, wer von uns sie zum ersten Male so gemacht hat: Aber auf einmal gehörten diese überbackenen Käsebrötchen zu unserem Alltag. Sie sind ideal, wenn überraschend Besuch kommt oder man Appetit auf etwas Warmes hat, aber zu beschäftigt oder zu müde ist, um richtig ausgiebig kochen zu können. Einfach ausprobieren und genießen.

SCHNELL UND LECKER

🍴 SCHNITZEL-BRÖTCHEN

Ca. 30 Minuten | 1 Person | mittel schwer

- Ein kleines Schweineschnitzel flach klopfen
- und in der Panade – Paniermehl mit Ei – panieren
- und in der Butter auf beiden Seiten braten.
- Dann das Roggenbrötchen aufschneiden, mit Butter bestreichen und jede Hälfte mit einem Salatblatt bedecken.
- Auf jede Brötchenhälfte kommt nun eine Scheibe Bauernschinken, darauf dünne Gurkenscheiben und etwas Mayonnaise.
- Das heiße Schnitzel wird auf die eine Brötchenhälfte gelegt und mit der anderen belegten Brötchenhälfte bedeckt.

Fest zudrücken, Mund weit (!) öffnen und hineinbeißen!

1	kleines Schweineschnitzel
1	Roggenbrötchen
20 g	irische Butter
2	Blatt grünen Salat
1	unjodiertes Ei
	unjodiertes Paniermehl (gibt es in fast jedem Supermarkt)
2	Scheiben Bauernschinken
1	Gewürzgurke
1 EL	Mayonnaise

Quelle: Hieronymus Pauli, 2009

SÜSSE SACHEN

🍴 SCHOKOLADENFONDUE

⏲ Ca. 30 Minuten　👤 4 Personen　📎 leicht

100 g　frz. Vollmilchschokolade
100 g　frz. Zartbitterschokolade
100 ml　unjodierte süße Sahne
　　　(s. Ersatzsahne, S. 33)
3 EL　Rum oder Cointreau
　　　oder Weinbrand
　　　(für Kinder: Orangensaft)

Zum Dippen:
natürlich Früchte aller Sorten,
wie Bananen, Ananas, Erdbeeren,
Orangen, Melonen, Feigen,
Weintrauben ... und auch Kekse,
Löffelbiskuits etc.

Teelichter fürs Stövchen

- Die Schokolade raspeln
- und im Wasserbad flüssig werden lassen.
- In der Zwischenzeit die Früchte zubereiten und in kleine Stücke schneiden.
- Dann wird die Sahne und der Rum/Cointreau/Weinbrand langsam in die flüssige Schokoladenmasse gegeben und vorsichtig untergerührt, bis eine cremige Flüssigkeit entstanden ist. Fertig!

Quelle: Tannja Decker, Trier

Serviervorschlag:
Schokoladentopf aufs Stövchen stellen, die bunt angerichteten Früchte mit den Keksen darum herum gruppieren – und das Schokoladenfondue genießen. Am Schönsten ist das im Sommer auf dem Balkon, der Terrasse oder im Garten.

SÜSSE SACHEN

🍴 PFLAUMENMUS
Brotaufstrich

🕐 Ca. 1 1/2 Stunden   📊 leicht erfordert aber ständiges Umrühren!

- Die Pflaumen werden entsteint
- und in einem großen Topf zusammen mit dem Zucker, der Prise Zimt und etwa 1/2 Tasse Wasser angesetzt
- und unter ständigem Umrühren zum Kochen gebracht.
- Bei reduzierter Hitze und ständigem Umrühren köchelt das Mus weiter, bis es eingedickt ist
- und vom Herd genommen werden kann. Abkühlen lassen, in die Gläser füllen und mit dem Rum versiegeln – Vorsicht! Nicht pur löffeln - wahnsinnig lecker!

2 kg	Pflaumen oder Zwetschgen
200-300 g	Zucker
1	Prise Zimt
1/2	Tasse Rum
1/2	Tasse Wasser

Quelle: Frieda L., Thüringen.

Kennen Sie den Spruch:
„Pflaumenmus ist Hochgenuß, weil man danach laufen muß"?

SÜSSE SACHEN

🍴 POLLEN-SCHOKO-CREME
Brotaufstrich mit Bienen-Pollen

🕐 Ca. 20 Minuten   ◐ leicht

100 g	französische, belgische, schwedische oder polnische Milch- oder Zartbitterschokolade
4 EL	Pollengranulat
4 - 6	Flocken irische Butter

- Die Schokolade raspeln und im Wasserbad flüssig werden lassen.
- In dieser Zeit das Pollengranulat im Mörser so gut es geht zerstampfen.
- Die Butter in die weiche Schokomasse einrühren, die zerstampften Pollen löffelweise hinzugeben und gut verrühren, bis alle Pollen gleichmäßig in die cremige Schokoladenmasse eingerührt sind.
- Die Pollen-Schoko-Creme in ein Marmeladenglas füllen, darin einige Minuten abkühlen lassen und noch etwas kalt stellen. Fertig ist der Pollen-Brotaufstrich.

Quelle: Dagmar Braunschweig-Pauli M.A., Trier im Mai 2009

Serviervorschlag:
Köstlich auf Zwieback.

Pollen sind eine vollwertige Nahrung. Sie enthalten alle Stoffe, die ein Mensch zum Leben braucht. Für Jodgeschädigte, die auf Grund des erzwungenen Verzichtes auf Milch-, Fleisch- und Eierzeugnisse oft unter Mangelerscheinungen leiden, stellen sie deshalb ein wertvolles Lebensmittel dar. Die Mischung der Pollen mit der Schokolade führt zudem zu einem wichtigen Kalorienspender, den vor allem Morbus Basedow-Patienten, die oft extrem untergewichtig sind, dringend zum Wiederaufbau ihrer Kräfte benötigen.

🍴 SÜSSE SALAMI

⏱ Ca. 1 Stunde   ▯ leicht

- Datteln und Feigen so klein wie möglich schneiden, Wal- und Haselnüsse mahlen und die Schokolade fein reiben.
- Das Eiweiß zu steifem Schnee schlagen.
- Alles zusammen mit den Mandelstiften vermischen und zu einem richtigen Teig verkneten.
- Dieser wird dann zu einer länglichen Wurst – „Salami" - geformt, mit dem Weinbrand bestrichen und im Puderzucker gewälzt.
- Die „Süsse Salami" wird in Folie gewickelt und kalt gestellt.

1	Eiweiß
175 g	Datteln
70 g	Feigen
200 g	unjodierte Schokolade
70 g	Walnüsse
100 g	Mandelstifte
100	Haselnüsse
1/2	Tasse Weinbrand o.ä.
50 g	Puderzucker

Quelle: Edith und Heinz S., Bonn 1985

Serviervorschlag:
Serviert wird sie in Scheiben geschnitten als Überraschungs-Konfekt.

SÜSSE SACHEN

🍴 KÖNIGSBERGER MARZIPAN

🕐 Ca. 2 Tage   📎 mittel schwer

500 g	süße Mandeln
15 g	bittere Mandeln oder oder Mandelessenz (= Bittermandelöl)
400 g	Puderzucker
5	gehäufte EL Rosenwasser (nur aus der Apotheke!)
1	unjodiertes Eiweiß
1	Zitrone
	Zitronat
	Gezuckerte Kirschen (o. Farbstoff E 127!)
	Gelée (nach Geschmack)

Backförmchen:
Herzen

♦ **1. Tag:**
Die geschälten Mandeln mit Puderzucker vermischen und damit mahlen,
♦ Rosenwasser langsam dazugeben und zusammen mit der Bittermandelessenz als Teig so lange wir möglich durchkneten.
♦ Dann den Teig zu einer Kugel formen, in eine Serviette wickeln und über Nacht in einer fest schließenden Dose kühl stellen.

♦ **2. Tag:**
Teig teilen und die eine Hälfte für den Boden messerrückendick ausrollen und Herzformen ausstechen
♦ und die andere für den Rand dicker ausrollen, in Streifen schneiden und diese auf die Formen aufsetzen.
♦ Mit Rosenwasser bestreichen, oberen Rand einkerben.
♦ Backen: Die Herzen auf einem mit Puderzucker dünn bestreuten Blech dicht aneinander gruppieren und bei starker Ofenhitze – Oberhitze! - rasch abbacken.
♦ Ist der Rand gebräunt, müssen die Herzen erkalten, damit dann der „schlanke" Guß (Puderzucker, Rosenwasser und etwas Zitrone) eingefüllt werden kann.
♦ Verziert wird er mit Zitronat und gezuckerter Kirsche oder Gelée.

Quelle: Königsberger Bürgerbrief 1984

🍴 KÄSEBROT

Brot im Käsemantel à la Braunschweig-Pauli

⏱ Ca. 1 1/2 Stunden   🥄 leicht

- Etwa 2/3 des Mehles in eine große Backschüssel sieben, das Salz am Rand unterheben (weil Salz die Triebkraft der Hefe zerstört, darf es nicht mit dem Hefestöckchen zusammenkommen) und die Mehlschüssel im Backofen bei etwa 60 Grad anwärmen.
- In der Zwischenzeit das Wasser mit der Milch vermischen, anwärmen (=lauwarm), die Hefe hineinbröseln und darin vollständig auflösen lassen. Das angewärmte Mehl dann aus dem Ofen holen, in der Schüsselmitte eine Kuhle in das Mehl formen, die Hefe hineingießen und alles noch einmal im warmen Backofen bei ca. 60 Grad gehen lassen.
- Sobald das Hefestöckchen bis zum oberen Mehlrand gestiegen ist, wird das Mehl mit dem Hefestöckchen aus dem Backofen genommen, mit der ebenfalls leicht angewärmten Milch und der zerlassenen Butter verrührt und auf einer mit Mehl bestreuten Arbeitsfläche gut durchgeknetet, wobei eventuell noch zusätzlich Mehl und zerlassene Butter untergeknetet werden muß, bis der Teig eine seidig-weiche Konsistenz hat, also „wie Maunkele" (s. Thüringischer Stollen) ist.
- Aus der gekneteten Teigmenge lassen sich zwei runde Brotlaibe formen.
- Beide werden auf das gefettete Backblech gelegt, mit dünnen Provolonescheiben rundherum belegt, und bei 200 Grad ca. 45 Minuten abgebacken. Genau wie bei dem Stollen sollten Sie schon nach ca. 35 Minuten nachgesehen, ob der Teig nicht mit Alufolie abgedeckt werden muß. Das Brot ist fertig, wenn die Käsekruste knusprig braun ist.

1 kg	Weizenmehl
4	Päckchen Frisch-Hefe à 42 g
250 ml	lauwarmes Wasser
250 ml	unjodiete Milch (s. Ersatzmilch, S. 32)
150 g	zerlassene irische Butter
1 1/2	gestrichene TL (nicht zuviel!) unjodiertes Salz/Siedesalz
150 g	italienischer Provolone-Käse

Mein Käsebrot

Not macht erfinderisch.
Das war im Krieg so, und das ist nun wieder so unter der Zwangsjodierung der Lebensmittel.
Aus der Not heraus, für befreundete Jodallergiker ein verträgliches und schmackhaftes Essen zuzubereiten, kam ich im Sommer 1998 auf die Idee, mein selbstgebackenes Brot sozusagen im Käsemantel zu backen, indem ich den fertig gekneteten Teig mit dünnen Scheiben des sizilianischen Provolone-Käses belegte. Und dieses „Käsebrot" schmeckt uns so gut, daß es seitdem zu unserem Traditionsbrot geworden ist und von mir immer gebacken wird, sooft wir Jodgeschädigten uns bei mir treffen.

Quelle: Dagmar Braunschweig-Pauli M.A., Trier 1998

Serviervorschlag:
Käsebrot schmeckt prima zu Weintrauben und Wein.

BROT

🍴 SCHINKEN IN DER BROTROLLE

⏱ Ca. 2 Stunden   🥄 leicht

1 kg	Weizenmehl
4	Päckchen Frisch-Hefe à 42 g
500 ml	lauwarmes Wasser (event. weniger)
150 g	irische Butter
1 1/2	gestrichene TL unjodiertes Salz/Siedesalz
6	dickere Scheiben gekochter Schinken

- Etwa 2/3 des Mehles in eine große Backschüssel sieben, das unjodierte Salz am Rand unterheben (Salz zerstört die Triebkraft der Hefe, deshalb darf es nicht mit dem Hefestöckchen zusammenkommen) und die Mehlschüssel im Backofen bei etwa 60 Grad anwärmen.
- In der Zwischenzeit das Wasser anwärmen (=lauwarm), die Hefe hineinbröseln und darin vollständig auflösen lassen. Das angewärmte Mehl dann aus dem Backofen holen, in der Schüsselmitte eine Kuhle in das Mehl formen, die Hefe hineingießen und alles noch einmal im warmen Backofen bei ca. 60 Grad gehen lassen.
- Sobald das Hefestöckchen bis zum oberen Mehlrand gestiegen ist, kann das Mehl mit Hefestöckchen aus dem Backofen genommen und auf einer mit Mehl bestreuten Arbeitsfläche gut durchgeknetet werden, wobei eventuell noch zusätzlich Mehl und etwas zerlassene Butter untergeknetet werden muß, bis der Teig eine seidig-weiche Konsistenz hat.
- Der Teigkloß wird in sechs gleiche Teile geteilt.
- Jeweils drei Teigteile werden ausgerollt, auf jede wird je 1 Scheibe des gekochten Schinkens gelegt, dann werden die drei schinkenbelegten Teigteile aufeinandergeschichtet und zu einer länglichen Brotrolle zusammengerollt. Dasselbe geschieht mit den anderen drei Teigteilen.
- Die beiden Teigrollen werden auf das gefettete Backblech gelegt und ca. 45 Minuten bei 200 Grad abgebacken, wobei Sie schon nach 35 Minuten besser einmal nachschauen, ob die Brotrollen nicht eventuell mit Alufolie abgedeckt werden müssen.

Quelle: Dagmar Braunschweig-Pauli M.A., Trier, Mai 2009

Serviervorschlag: Dazu passen Salate aller Arten und Bier, was übrigens ausschwemmt, also auch eine schnellere Ausscheidung von überflüssigem Jod befördert.

DR. PAULIS ORIGINAL RÖMERTOPF-BROT

Ca. 2 Stunden | mittel schwer

- Etwa 2/3 des Mehles in eine große Backschüssel sieben, die beiden gestrichenen Teelöffel unjodiertes Salz am Rand unterheben (Salz zerstört die Triebkraft der Hefe, deshalb darf es nicht mit dem Hefestöckchen zusammenkommen) und die Mehlschüssel im Backofen bei etwa 60 Grad anwärmen.
- In der Zwischenzeit das Wasser anwärmen (=lauwarm), die Hälfte davon abnehmen und die Hefe hineinbröseln und darin vollständig auflösen lassen. Das angewärmte Mehl dann aus dem Backofen holen, in der Schüsselmitte eine Kuhle in das Mehl formen, die Hefe hineingießen und alles noch einmal im warmen Backofen bei ca. 60 Grad gehen lassen.
- Sobald das Hefestöckchen bis zum oberen Mehlrand gestiegen ist, kann das Mehl mit Hefestöckchen aus dem Backofen genommen, miteinander und dem restlichen Wasser verrührt und auf der mit Mehl bestreuten Arbeitsfläche gut durchgeknetet werden. Eventuell muß noch zusätzlich Mehl und etwas zerlassene Butter untergeknetet werden, bis der Teig eine seidig-weiche Konsistenz hat.
- Der Teigkloß wird nun in den mit Backpapier ausgelegten Römertopf gegeben, mit dem Deckel abgedeckt und ca. 1 Stunde bei 200 Grad gebacken.
- Danach bleibt das Brot noch etwa 10 Minuten im abgeschalteten aber heißen Ofen.
- Schließlich wird das fertige Brot mit dem Backpapier aus dem Römertopf gehoben und auf ein Backrost gelegt, wo es auskühlen kann. Und „fertig ist ein wunderbar durchgebackenes Bauernbrot von großer Haltbarkeit." (Zitat Dr. Pauli, a.a.O., S. 4)

500 g	Weizenmehl
500 g	Dinkelmehl
4	Päckchen Frisch-Hefe
600 ml	lauwarmes Wasser
ca. 2	gestrichene TL unjodiertes Salz/Siedesalz

Backform:
Römertopf (aus Ton)

Quelle: Dr. Heinrich Pauli veröffentlichte sein Römertopfrezept erstmals in der Lebensmittel-Liste: „Was wir noch essen können. Leitfaden einer von künstlichen Jodzusätzen freien Ernährung", Trier 1996, S. 3f..

KUCHEN & GEBÄCK

🍴 PFLAUMENKUCHEN

🕐 Ca. 1 1/2 Stunden   👤 1 Backblech   🔋 leicht

500 g	Weizenmehl
2	Päckchen Hefe à 42 g
125 ml	unjodierte Milch (s. Ersatzmilch, S. 32)
200 g	irische Butter
125 g	Zucker
1/2	Eierlöffel unjodiertes Salz/ Siedesalz
1	Prise Zimt

• Etwa 400 g des Mehles in eine große Backschüssel sieben – das restliche Mehl wird zum Kneten zurückbehalten – und im Backofen bei ca. 60 Grad anwärmen.

• Dann wird die Milch erwärmt, ein Teelöffel Zucker hineingegeben und die Hefe hineingebröselt und gut verrührt, bis eine cremige Flüssigkeit entstanden ist.

• Nun die Schüssel mit dem erwärmten Mehl aus dem Backofen nehmen – Vorsicht: Fenster und Türen geschlossen halten, um Zugluft zu vermeiden! –, eine Kuhle für die Hefe formen und die warme Hefemilch langsam hineingießen.

• Vorsichtig wird dann der 1/2 Eierlöffel Salz am oberen Mehlrand eingegraben, ohne mit der Hefe in Berührung zu kommen, weil Salz nämlich das Hefestöckchen zerstört.

Das Hefestöckchen in der Mehlschüssel wird mit einem sauberen Küchenhandtuch zugedeckt und im warmen Backofen ca. 20 Minuten gehen gelassen.

• In dieser Zeit die Pflaumen waschen und so zur Hälfte aufschneiden, daß beide Pflaumenhälften noch aneinanderhängen, entkernen und an jeder der Pflaumenhälften oben mit einem scharfen Küchenmesser
ca. 2 cm einschneiden.

• Inzwischen wirft das Hefestöckchen kleine Bläschen und ist zum oberen Mehlrand angestiegen. Vorsichtig, ohne größere Erschütterung, wird die Schüssel aus dem Backofen genommen und das Mehl mit einem Holzlöffel behutsam unter das Hefestöckchen gehoben.

• Die zerlassene Butter und den mit dem Zimt vermischten Zucker dazugeben, verrühren

• und alles mit dem restlichen Mehl auf einer stabilen Arbeitsfläche ausgiebig zu einem festen Teig verkneten,

bis kein Teig mehr an den Händen klebt.

• Der Teig wird auf dem gut gefetteten Backblech ganz dünn ausgelegt und an den Seitenrändern des

Backbleches nach oben gedrückt. Die Pflaumen nun mit den aufgeschnittenen Seiten nach oben praktisch aufrecht in dichten Reihen auf den Teig legen und im vorgeheizten Ofen ca. 45 Minuten bei 200 Grad auf der mittleren Schiene backen.
• Obacht in den letzten 10 Minuten: vielleicht müssen die bereits gebräunten Pflaumen für die noch nötige restliche Backzeit mit einer Alufolie abgedeckt werden! Nach dem Abschalten des Ofens bleiben der Pflaumenkuchen noch etwa 10 Minuten in dem langsam sich abkühlenden Ofen, dann wird die Ofentüre mit Hilfe eines Holzlöffels einen Fingerbreit offen stehen gelassen, bis der Pflaumenkuchen nach 20-30 Minuten endlich aus dem Ofen geholt werden kann.

Quelle: Frieda L., Thüringen

Zur Pflaumenzeit gab es bei uns eigentlich jeden Nachmittag frischen, richtig warmen Pflaumenkuchen, wenn möglichnatürlich mit Schlagsahne. Meine Großmutter bereitete ihn sofort zu, sobald wir mit dem Mittagessen fertig waren. Es war wunderschön, über den Hausarbeiten zu sitzen, während der verheißungsvolle Hefe-Duft des frischen Pflaumenkuchens durch die Wohnung zog.

KUCHEN & GEBÄCK

🍴 THÜRINGISCHER STOLLEN

🕐 Ca. 2 Stunden   📏 mittel schwer

1 kg	Mehl; Kernig: mit Vollkornmehl vermischt
6	Päckchen Frisch-Hefe à 42 g
1/4 l	unjodierte Milch (s. Ersatzmilch, S. 32)
300 g	Zucker
1/2 TL	unjodiertes Salz/Siedesalz
500 g	irische Butter
300 g	frisch gemahlene Mandeln
400 g	Rosinen
200 g	flüssiger Honig
1/2	Tasse Rum
	Puderzucker
	Orangeat und Zitronat (nach Geschmack)

♦ *1. Vorbereitung ca. 4 Tage vor dem Backen:* Die Rosinen waschen, abtropfen lassen, in einer Schüssel mit dem Honig und dem Rum vermischen und zugedeckt ziehen lassen. An den nächsten Tagen immer einmal umrühren.

♦ *2. Vorbereitung:* Die Mandeln mit kochendem Wasser übergießen und aus ihrer Haut pellen. Dann in der Mandelmühle ganz fein mahlen.

♦ *Zubereitung:* Etwa 600 Gramm des Mehles in eine große Backschüssel sieben – das restliche Mehl wird zum Kneten zurückbehalten – und im Backofen bei ca. 60 Grad anwärmen.

♦ Dann wird die Milch erwärmt, ein Teelöffel Zucker hineingegeben, die Hefe hineingebröselt und alles gut verrührt, bis eine cremige Flüssigkeit entstanden ist.

♦ Nun wird die Schüssel mit dem erwärmten Mehl aus dem Backofen genommen – Vorsicht: Fenster und Türen geschlossen halten, um Zugluft zu vermeiden!, weil sonst das Hefestöckchen zusammenfällt –, im Mehl eine Kuhle für die Hefe geformt und die warme Hefemilch langsam hineingegossen.

♦ Vorsichtig wird dann der 1/2 Teelöffel Salz am oberen Mehlrand eingegraben, ohne mit der Hefe in Berührung zu kommen, weil Salz nämlich das Hefestöckchen zerstört. Das Hefestöckchen in der Mehlschüssel wird mit einem sauberen Küchenhandtuch zugedeckt und im warmen Backofen ca. 20 Minuten gehen gelassen, bis das Hefestöckchen kleine Bläschen wirft und zum oberen Mehlrand angestiegen ist.

♦ Vorsichtig, ohne größere Erschütterung, wird die Schüssel aus dem Backofen genommen und darin das Mehl mit einem Holzlöffel behutsam unter das Hefestöckchen gehoben.

♦ Die zerlassene Butter, den Zucker, die Rumrosinen und die gemahlenen Mandeln langsam dazugeben und verrühren und alles mit dem restlichen Mehl

auf einer stabilen Arbeitsfläche ausgiebig zu einem festen Teig verkneten, bis der Teig eine seidig-weiche Konsistenz hat, also „wie Maunkele" ist.
• Den Teigkloß in zwei Teile teilen und aus jedem einen Stollen formen, beide auf das gut gefettete Backblech legen und im vorgeheizten Ofen ca. 50 Minuten bei 200 Grad auf der mittleren Schiene backen.
• Obacht in den letzten 10 Minuten: vielleicht müssen die bereits gebräunten Stollen für die noch nötige restliche Backzeit mit einer Alufolie abgedeckt werden! Nach dem Abschalten des Ofens bleiben die Stollen noch etwa 10 Minuten in dem langsam sich abkühlenden Ofen, dann wird die Ofentüre mit Hilfe eines Holzlöffels einen Fingerbreit offen stehen gelassen, bis die Stollen nach 20-30 Minuten endlich aus dem Ofen geholt werden können, wiederum behutsam, damit sie nicht zusammenfallen.
• Noch im heißen Zustand werden die Stollen dick und sorgfältig mit der zerlassenen Butter bestrichen. Sofort im Anschluß daran wird der Puderzucker durch ein Sieb über sie gestreut, so daß er noch mit der Butter in den Stollen einzieht, wodurch eine köstliche! Butterzucker-Kruste entsteht.
• Erst nach mindestens 1 Stunde können die Stollen vorsichtig vom Blech gelöst – Vorsicht! Bruchgefahr, wenn es zu früh geschieht! – und auf eine Kuchenplatte bzw. ein Holzbrett gelegt werden. Die Stollen nun mit einem Küchentuch abgedeckt weiter auskühlen lassen und – wenn man sich dann noch beherrschen kann, möglichst nicht zu warm anschneiden und essen. Wir können uns aber dann nicht mehr zurückhalten um zu kosten, ob der Stollen, dessen Teig schon wie Maunkele war, auch wirklich wie Maunkele schmeckt. Er tut es.

Quelle: Frieda L., Thüringen.

WIE MAUNKELE

Wenn der Hefeteig nach dem Kneten die für ihn richtige, seidig-weiche Konsistenz hatte, sagte meine Mutter immer: „Oma würde jetzt sagen: „Jetzt schmeckt er wie Maunkele". Aber ich weiß gar nicht, was Maunkele bedeutet. Ich habe vergessen, Oma rechtzeitig danach zu fragen."

Und ich sage zu meinen Kindern, wenn der Hefeteig so richtig seidig-weich ist: „Jetzt schmeckt der Stollen wie Maunkele, hat meine Oma immer gesagt, wie meine Mutter mir sagte. Aber Mutti wusste nicht, was „Maunkele" bedeutet, weil sie Oma nicht rechtzeitig danach gefragt hat." – „Und du, weißt du es denn?" – „Nein, keine Ahnung. Aber aus einem Maunkele-Teig wird ein leckerer Stollen, das weiß ich aus Erfahrung."

Aber es hatte lange gedauert, bis ich unseren Weihnachtsstollen wieder backen konnte, denn dazu braucht man Milch, und ich brauchte unjodierte Milch!, und die ist seit der fast vollständigen Jodierung des Viehfutters in Deutschland praktisch nicht mehr in Deutschland zu bekommen. Erst als mir von Holger von Nuis, der eigens nach Polen fuhr, um unjodierte Milch zu kaufen, Milch-Care-Pakete mit polnischer Milch geschickt wurde, konnte ich unseren Stollen wieder backen. Gerade beim Backen unseres traditionellen Weihnachtsgebäckes empfand ich die menschenverachtende Ausgrenzung durch die Jodierung als besonders bitter, und so schrieb ich für die von mir gegründete Deutsche SHG der Jodallergiker, Morbus Basedow- und Hyperthyreosekranken als Weihnachtsrundbrief die Fabel „Jesus in Deutschland":

JESUS IN DEUTSCHLAND
Eine Weihnachtsfabel

Wie jedes Jahr um die Weihnachtszeit gab es auch in diesem Jahr im Himmel einen Disput darüber, ob der berühmte Dichter wohl Recht behalten würde der gesagt hatte, daß Jesus Christus auch heute wieder gekreuzigt werden würde, wenn er auf die Erde zurückkäme.

Jesus sagte: „Das Christentum ist 2000 Jahre alt, mein Geburtstag wird jedes Jahr weltweit mit immer größerem Aufwand gefeiert. Ich werde Euch beweisen, dass dieser Dichter Unrecht hat."

In Deutschland geht Jesus auf einen Weihnachtsmarkt, wo ihm der Duft von Kartoffelpuffern in die Nase steigt. Er bestellt sich einen Kartoffelpuffer und fragt: „Was für Salz habt ihr benutzt?"

„Jodsalz" wird ihm geantwortet.

Jesus schüttelt abwehrend den Kopf: „Dann kann ich diesen Kartoffelpuffer nicht essen. Jod ist nicht koscher. Ich bin Jude und ernähre mich nur von koscheren Lebensmitteln."

Jesus wird zu einer deutschen Weihnachtsfeier eingeladen und bekommt den Ehrenplatz am Kopf der Tafel zugewiesen.

Als die Schüsseln mit der Weihnachtsente, dem Rotkohl und den Kartoffeln herumgereicht werden fragt Jesus: „Was für Salz habt ihr benutzt?"

„Jodsalz" wird ihm geantwortet.

Jesus schüttelt abwehrend den Kopf: „Dann kann ich Euer Weihnachtsessen nicht mitessen. Jod ist nicht koscher. Ich bin, wie ihr wisst, Jude und ernähre mich nur von koscheren Lebensmitteln."

Jesus besucht daraufhin einen evangelischen Weihnachtsgottesdienst*. Als er sich mit den anderen Gläubigen um den Altar aufstellt, um das Abendmahl zu empfangen, fragt er den Pfarrer: „Was für Salz ist in diesem Brot?"

„Jodsalz" wird ihm geantwortet.

Da schüttelt Jesus traurig den Kopf: „Was habt ihr aus meinem Brot des Lebens gemacht? Ich vertrage kein Jod."

Und er geht wortlos hinaus und flüchtet sich in einen Stall.

„In einem Stall wurde ich geboren", sagt Jesus, „in einem Stall wenigstens werde ich vor Jodsalz sicher sein." Da sieht er einen roten Stein im Futtertrog liegen und fragt die Tiere: „Was habt ihr da Rotes in eurem Futtertrog?"

„Einen Jodsalz-Leckstein" wird ihm geantwortet.

Da verlässt Jesus auch den Stall.

„Der Dichter hat Unrecht", sagt er resigniert. „Ich würde nicht wieder gekreuzigt – ich würde vergiftet."

Dagmar Braunschweig-Pauli M.A., November 2003
(*Siehe Faustregel VIII S.28)

🍴 KÜCHLEIN: AUSGEZOGENE KRAPFEN

traditionelles Schmalzgebäck (Thüringen & Franken)

⏱ Ca. 1-2 Stunden   👤 4-6 Personen   🔋 mittel schwer

750 g	Weizenmehl
2	Päckchen Frisch-Hefe à 42 g
1	Tasse unjodierte Milch (s. Ersatzmilch, S. 32)
225 g	irische Butter
60 g	Zucker
1	Päckchen Vanillezucker
1	Prise unjodiertes Salz/Siedesalz
4	unjodierte Eier
1	EL Rum
750 g	Pflanzenfett (=Palmin)

In Thüringen sind diese in Schmalz gebackenen Küchlein traditionelles Fastnachtsgebäck. Da meine Großmutter zudem Mitte Februar Geburtstag hatte, wurden diese Küchlein bei uns außerdem auch noch zu ihrem Geburtstag gebacken. Während des Teigknetens und Ausziehens der Teigbällchen erzählte meine Mutter immer, man hätte bei ihnen Zuhause gesagt: „Lustig ist die Fasenacht, wenn mei Mutter Küchla backt, wenn sie aber keine backt, pfeif ich auf die Fasenacht."

• Die Milch mit 1 Teelöffel Zucker leicht erwärmen und die Hefe darin auflösen. Dann 125 g Butter mit dem Zucker und dem Vanillezucker schaumig rühren, die Prise Salz dazu tun, nach und nach die Eier unterrühren und alles vorsichtig unter die Hefemilch heben. Wer möchte, kann dann noch den Esslöffel Rum dazugeben.

• Diese Hefe-Butter-Ei-Masse wird warm gestellt und ca. 30 Minuten gehen gelassen.

• Danach wird das Mehl untergehoben und der Teig gut 20 Minuten durchgeknetet. Aus dem Teig werden tischtennisballgroße Bällchen geformt, mit der restlichen zerlassenen Butter bestrichen und wieder gehen gelassen.

• In der Zwischenzeit wird das Pflanzenfett in der Friteuse auf etwa 180 Grad erhitzt.

• Dann werden die Teigbällchen mit den Händen von innen heraus „ausgezogen": dadurch entsteht ein kleiner Teigteller - mit dickerem Rand und einem dünneren Mittelteil -, der dann langsam ins Fett gelassen wird. Sobald eine Krapfenseite mittelbraun ist, wird der Krapfen mit einer Holzzange vorsichtig gewendet. Dabei hebt sich der dünne Mittelteil wie eine helle Blase aus dem Fett, währen der dickere Rand knusprig braun ausbäckt.

• Nach etwa 1-2 Minuten ist ein ausgezogener Krapfen fertig – aus dem Fett nehmen, mit Puderzucker bestreuen und warm verzehren.

Quelle: Frieda L., Thüringen.

Serviervorschlag:
Dazu starken Kaffee servieren - einfach köstlich!!!

KUCHEN & GEBÄCK

🍴 BERLINER BROT

🕐 Ca. 1 Stunde   👤 1 Backblech   ⬭ leicht

- Aus den Zutaten einen Teig kneten
- und ihn fingerdick auf das mit Butter gefettete Blech geben
- und im Backofen auf mittlerer Schiene bei ca. 150 Grad etwa 30 Minuten backen.
- Nach dem Herausnehmen des Bleches den Kuchen mit Zuckerguß betreichen oder mit Puderzucker betreuen und in kleine, rechteckige Stücke schneiden, und Sie haben feine, leichte Schokoladenschnitten zum Kaffee oder Tee.

Mehl	*– soviel der Teig nimmt –* ca. 500 g
250 g	irische Butter
250 g	Zucker
2	unjodierte Eier
1/2	Päckchen belgischen oder franz. Kakao
250 g	gehackte Nüsse
1	Tasse unjodierte Milch (s. Ersatzmilch, S. 32)
1	Päckchen Vanillezucker
1	Päckchen Backpulver
1 TL	Natron
1 TL	Zimt

Quelle: mündlich

Serviervorschlag:
Dazu schmeckt unjodierte Sahne (s. Ersatzsahne S. 33) einfach köstlich!

KUCHEN & GEBÄCK

🍴 MAKRÖNCHEN

🕐 Ca. 1/2 Stunde 👤 4 Personen 🔋 leicht

3	unjodierte Eier, das Eiweiß
250 g	Puderzucker
1	Päckchen echten Vanillezucker (Bourbonvanille)
1	Prise unjodiertes Salz/Siedesalz
1/2 TL	Zimt
200 g	Kokosflocken oder gehackte Mandeln

Hilfsmittel:
Backpapier oder Oblaten

- Das Eiweiß von drei Eiern steif schlagen
- und mit dem Puderzucker, dem Vanillezucker, der Prise unjodiertem Salz, 1/2 Teelöffel Zimt und den Kokosflocken oder gehackten Mandeln gut vermischen, bis ein knetbarer Teig entstanden ist.
- Mit einem Esslöffel den Teig portionieren und auf dem mit Backpapier ausgelegten Backblech in Makrönchenform bringen.
- Auf der mittleren Schiene im Backofen bei 200 Grad ca. 15 Minuten abbacken – zur Vorsicht aber schon nach 10 Minuten nachschauen, ob die Makrönchen vielleicht schon hellbraun geworden sind. Dann sind sie nämlich fertig

Quelle: dtv-Küchenlexikon, a.a.O., S. 304.

Serviervorschlag:
Makrönchen ofenfrisch zu Tee oder Kaffee genießen!

MARILLENKUCHEN
Ostpreußischer Aprikosenkuchen

Ca. 2 1/2 Stunden | 8 Personen | kompliziert

- Genießen Sie die Vorbereitung für diesen besonderen Obstkuchen in Ruhe! Zunächst die Aprikosen für den Belag waschen und entsteinen, halbieren und in einer Schüssel bereit stellen.
- Dann den Hefeteig wie beim Thüringischen Stollen oder Prasselkuchen bereiten und auf dem gut gefetteten Backblech ausrollen, wobei der Teig an allen vier Seiten am Blechrand hochgezogen wird.
- Nun werden die Aprikosenhälften mit der Schnittfläche nach unten nebeneinander auf den Teig gelegt
- und der Guß aus verquirltem Eigelb, Sahne, Zucker und klein gehacktem Zitronat über die Früchte gegossen.
- Abschließend die Zimtstreusel darüber streuen • und alles im vorgeheizten Backofen bei 200 Grad auf mittlerer Schiene ca. 30-40 Minuten backen. Nach ca. 20 Minuten nachschauen, ob der Kuchen eventuell mit Backpapier abgedeckt werden muß.

Quelle: Luise B., Ostpreußen

Dieser besonders saftige und aromatische Obstkuchen wurde unser Lieblingsdessert bei Einladungen. Dazu gibt es dann echten Arabischen Kaffee, den ich auch noch nach 22 Uhr ohne Reue trinken kann.

500 g	Mehl
250 ml	unjodierte Milch (s. Ersatzmilch, S. 33)
200 g	irische Butter
100 g	Zucker
4	Päckchen Frisch-Hefe à 42 g
1	unjodiertes Ei
1-2 EL	Zitronat (gehackt)
100 g	gehackte Mandeln
1	Prise unjodiertes Salz/Siedesalz
1	Päckchen Vanillezucker

Zum Belegen:
1 kg	reife Aprikosen oder gute Dosenfrüchte

Für den Guß:
2	unjodierte Eier
125 ml	unjodierte Sahne (s. Ersatgzsahne, S. 33)
100 g	Zucker
2-3 EL	Zitronat (gehackt)

Für die Streusel:
200 g	Mehl
100 g	Zucker
150 g	irische Butter
1/2 TL	Zimt

KUCHEN & GEBÄCK

PRASSELKUCHEN
Ostpreußischer Mandel-Mohn-Streuselkuchen

Ca. 1 1/2 Stunden | 8 Personen | mittelschwer

1 kg	Weizenmehl
400 g	irische Butter
300 g	Zucker
250 ml	unjodierte Milch (s. Ersatzmilch, S. 32)
1 TL	unjodiertes Salz/Siedesalz
4	Päckchen Frisch-Hefe à 42 g
200 g	gemahlener Mohn
200 g	gemahlene Mandeln
200 g	Marzipan-Rohmasse
1-2 EL	Bärenfang
1	Prise Zimt

Wichtig:
Dies ist wie der Thüringische Stollen ein Hefekuchen. Ganz wichtig bei einem Hefekuchen ist es, mit der Hefe sehr sachte umzugehen. Hefe verträgt nur lauwarme Temperaturen und absolut keinen Durchzug!

• Etwa 2/3 des Mehles in eine große Backschüssel sieben und im Ofen bei ca. 80 Grad etwa 10 Minuten leicht anwärmen.

• In dieser Zeit in die Ersatzmilch 1 TL Zucker hineingeben, in einem Tiegelchen handwarm werden lassen und dann die Hefe hineinbröckeln, bis sich eine schaumig-cremige Flüssigkeit ergibt.

• Nun das erwärmte Mehl aus dem Backofen nehmen, Mehl an den Schüsselwänden hochdrücken, so daß eine Kuhle für das „Hefestöckchen" entsteht, und die warme Hefemilch vorsichtig hineingießen.

• Jetzt wird das Mehl samt Hefestöckchen noch einmal für ca. 10 Minuten in den erwärmten Backofen geschoben, bis das „Hefestöckchen" bis zum oberen Mehlrand angestiegen ist.

• In der Zwischenzeit wird die Streuselmasse aus Mohn und Marzipanmasse mit 1-2 EL Bärenfang, 8 TL (wenn nötig etwas mehr) zerlassener Butter, 150 g Mehl, 100 g Zucker und dem Zimt zubereitet.

• Das erwärmte Mehl samt Hefestöckchen aus dem Backofen nehmen, das Salz im Mehlrand vergraben! – Hefestöckchen darf nicht mit dem Salz zusammen kommen, weil es sonst zusammenfällt! – und mit einem Holzlöffel das Mehl mit dem Hefestöckchen langsam verrühren,

• die zerlassene Butter, den Zucker und die Mandeln dazu geben, alles mit dem restlichen Mehl zu einem festen Teig verkneten und auf dem gut gefetteten Backblech ausrollen.

• Schließlich die Mohn-Mandel-Streusel auf den Teig „prasseln" lassen.

• Der Streuselkuchenteig wird im vorgeheizten

Ofen bei 200 Grad auf mittlerer Schiene 30-40 Minuten gebacken. Bitte nach 20 Minuten schon nachschauen und eventuell den Streuselkuchen mit Backpapier abdecken.
• Nach dem Abstellen der Hitze die Backofentüre mit einem Holzlöffel etwas geöffnet halten und den fertigen Streuselkuchen noch einige Minuten im Ofen lassen.
Beachten: Beim Herausnehmen aus dem Ofen darf der noch warme Hefekuchen keine kalte (Zug-)Luft bekommen, damit er nicht einsinkt.
Der noch warme Prasselkuchen wird mit Puderzucker bestäubt und ist nach gut 1/2 Stunde – immer noch warm – fertig zum Genuß!

Quelle: Luise B., Ostpreußen

Prasselkuchen war in Ostpreußen genau so beliebt und bei allen Familienfesten unverzichtbar, wie die Küchlein in Thüringen.

„ISS TÄGLICH DREI MANDELN"

„Iß täglich drei Mandeln" war der erste Rat über krebsvorbeugende Ernährung, den Susun S. Weed erhielt und der ihr Interesse erweckte, lange, bevor man wusste, daß es die Phytochemikalien der Mandel sind, die anerkanntermaßen krebshemmend wirken.

Fünfundzwanzig Jahre sammelte die amerikanische Medizinjournalistin und Kräuterheilkundige Erfahrungen und Informationen über Vorbeugung und Heilung von Brustkrebs, bis sie ihr umfangreiches Material in ihrem Buch „BrustGesundheit" zusammenfasste. Dr. med. Susan Love, die „Das Brustbuch" über Brustprobleme geschrieben hat, schreibt zu Susun Weeds Veröffentlichung das Geleitwort: „Schenken Sie diesem Buch Ihre ganz Beachtung, dann brauchen Sie meins vielleicht niemals."

Damit werden nur Frauen angesprochen, was meiner Meinung nach aber viel zu kurz greift: „BrustGesundheit" ist ein Buch nicht nur für Frauen, wie der Titel allerdings suggeriert, sondern ebenso auch für Männer. Denn es geht nicht alleine um Brustkrebs, sondern allgemein um eine Vermeidung oder Heilung von Krebs überhaupt.
Da 80% aller Krebserkrankungen umwelt- oder ernährungsbedingt sind, sind wir alle angesprochen, „Produktion und Ausstoß krebserregender und krebsfördernder Substanzen einzuschränken." Wir müssen „gesunde Nahrungsmittel und sauberes Wasser wollen," und wir müssen alle jene unterstützen, die uns mit ihren ökologischen Produkten zu einer schadstofffreien Lebensweise verhelfen.
Susun S. Weeds Buch ist ein Trostbuch für diejenigen, die bisher Angst hatten, sich überhaupt mit dem Thema Krebs zu beschäftigen.

Es ist auch ein unerhört ergiebiges Nachschlagewerk für alle bisher bekannten Krebstherapien. Wir erfahren, wie viel wir tatsächlich selber tun können, um Krebs zu vermeiden, oder bereits bestehenden Krebs zu bekämpfen, und es lässt den suchenden Menschen in seiner Seelennot nie im Stich. „Wer mit dem Krebs tanzt" findet immer eine Antwort, und viele wertvolle Tips. Ein Beispiel für viele: Als Insidertip unter Krebspatienten gilt der ESSIAC-Tee, den die kanadische Krankenschwester Rene Caisse (umgedreht=Essiac) nach indianischen Rezepten herstellte. Wie alle Naturheilmittel ist seine Wirkung umstritten. Susun Weed verrät das Rezept und beschreibt, wie man den Tee zubereitet. Aufschlussreich sind die von S. Weed aufgezählten krebsfördernden Stoffe, von denen wir bisher noch nichts erfahren, oder von den wir offiziell nur Positives gehört haben.

Paradebeispiel dafür ist gerade für uns Deutsche das ungeheuer wirksam beworbene Jodsalz. Man lese und staune: „Wenn Erwachsene jedoch durch zusätzliche Jodzufuhr – wie z.B. Jodsalz – ihren Bedarf überschreiten, steigt auch ihr Brustkrebsrisiko." (a.a.O., S. 49) ... . "
Quelle: Dagmar Braunschweig-Pauli M.A., 12. Sept. 1999 Buchbesprechung von Susun. S. Weed „BrustGesundheit". Naturheilkundliche Prävention und Begleittherapie bei Brustkrebs. Orlanda Frauenverlag 1997, ISBN: 3-929823-47-0.

KUCHEN & GEBÄCK

🍴 DANZIGER WINDBEUTEL

⏱ Ca. 45 Minuten   👤 3 Personen   📱 leicht

- Für Boden und Deckel der Windbeutel den fertigen Blätterteig aus dem Kühlregal ausrollen und in 3 Streifen à 12 cm schneiden, die dann noch einmal halbiert werden. So entstehen 6 Teig-Quadrate für 3 Windbeutel,
- die an allen vier Seiten – wegen der Stabilität – eingerollt und auf einem mit Backpapier ausgelegtem Backblech verteilt werden.
- Sie werden auf mittlerer Schiene im vorgeheizten Backofen bei 200 Grad gebacken. Nach etwa 10 Minuten, wenn die 6 Blätterteigböden schon etwas aufgegangen und leicht gebräunt sind, die Schokoraspeln über die Teigböden streuen und diese noch einmal weitere 10 Minuten fertig backen.
- Die fertigen Blätterteigböden können im abgeschalteten Ofen noch etwas nachziehen.
- Während der Backzeit die Sahnefüllung aus Ersatzsahne (Seite 35) zubereiten und mit dem Zitronensaft von einer, wenn nötig auch von 2 Zitronen, dem Vanillezucker und den 2 TL Danziger Goldwasser cremig schlagen. Eventuell muß die Sahnemasse noch mit ein paar Tropfen kaltem Wasser weiter verdünnt werden.
- Nun bekommen drei Böden je einen dicken Klacks Sahne, Deckel drauf, mit Puderzucker bestäuben und am besten noch ofenwarm genießen!

250 g	frischer Blätterteig (gibt es auch unjodiert)
20 g	Schokoladenraspel
200 ml	unjodierte Sahne (s. Ersatzsahne, S. 33)
1	Päckchen Vanillezucker aus Boubonvanille
2 TL	Danziger Goldwasser
1 – 2	Zitronen, der Saft
50 g	Puderzucker

Quelle: Dagmar Braunschweig-Pauli Mai 2009 in Erinnerung an Großmutter Luises Erfolgsrezept, als diese noch Mamsell und später Konditorin in Ostpreußen gewesen war.

Immer Windbeutel
Sonntag war immer Großmutter-Tag. Da holten wir sie am frühen Nachmittag ab, und sie lud uns ins Café zu Kaffee bzw. heißer Schokolade und Kuchen ein. Egal, was wir uns bestellten, für Großmutter Luise gab es nur Windbeutel mit Sahne zum Kaffee.

KUCHEN & GEBÄCK

GUGLHUPF

Ca. 1 Stunde | mittel schwer

500 g	Mehl
3	Päckchen Frisch-Hefe à 42 g
125 ml	unjodierte Milch (s. Ersatzmilch, S. 32)
300 g	irische Butter
200 g	Zucker
1	Päckchen Vanillezucker
1/2	gestrichener TL unjodiertes Salz/Siedesalz
	Puderzucker

Kuchenform:
Guglhupf-Form

Quelle: Frieda L., Thüringen

Serviervorschlag:
Guglhupf mit unjodierter Schlagsahne
(s. Ersatzsahne, S. 33)

• Etwa 300 Gramm des Mehles in eine große Backschüssel sieben – das restliche Mehl wird zum Kneten zurückbehalten – und im Backofen bei ca. 60 Grad anwärmen.
• Dann wird die Milch erwärmt, ein Teelöffel Zucker hineingegeben und die Hefe hineingebröselt und gut verrührt, bis eine cremige Flüssigkeit entstanden ist.
• Nun wird die Schüssel mit dem erwärmten Mehl aus dem Ofen genommen – Achtung: keine Zugluft im Raum! –, im Mehl eine Kuhle geformt und die warme Hefemilch langsam hineingegossen.
• Vorsichtig wird dann das Salz am oberen Mehlrand eingegraben, ohne mit der Hefe in Berührung zu kommen, weil Salz das Hefestöckchen zerstört. Die Mehlschüssel wird mit einem sauberen Küchenhandtuch zugedeckt und im warmen Backofen ca. 20 Min. gehen gelassen, bis das Hefestöckchen kleine Bläschen wirft und zum oberen Mehlrand angestiegen ist.
• Ohne größere Erschütterung, wird die Schüssel aus dem Ofen genommen und das Mehl mit einem Holzlöffel behutsam unter das Hefestöckchen gehoben.
• 200 Gramm zerlassene Butter und den mit dem Vanillezucker vermischten Zucker langsam dazugeben und verrühren. Mit dem restlichen Mehl auf einer stabilen Arbeitsfläche ausgiebig zu einem festen Teig verkneten, bis kein Teig mehr an den Händen klebt.
• Dann wird der Teig in der gefetteten Guglhupf-Form gleichmäßig verteilt und auf mittlerer Schiene ca. 50 Minuten bei 200 Grad im Backofen gebacken. Ist der Kuchen nach 40 Minuten bereits gebräunt wird er mit Alufolie abgedeckt.
• Nach dem Abstellen der Hitze die Backofentüre mit einem Holzlöffel etwas geöffnet halten und den fertigen Guglhupf noch einige Minuten im Ofen stehen lassen. Beachten: Beim Herausnehmen aus dem Ofen darf der noch warme Hefekuchen keine kalte (Zug-)Luft bekommen, damit er nicht einsinkt.
• Der noch warme Guglhupf wird mit Puderzucker bestäubt und kann nach gut 1/2 Stunde – immer noch warm – zu Kaffe oder Tee genossen werden!

ZEBRAKUCHEN

Ca. 1 1/2 Stunden | leicht

- Die zwei Eier mit dem Zucker schaumig rühren und die geriebene Schokolade dazu geben,
- dann das Pflanzenfett erhitzen, bis es flüssig ist. Lassen Sie es nur soweit abkühlen, daß es noch flüssig ist
- und rühren es dann langsam unter die Eier-Zucker-Masse.
- Nun wird die gut gefettete Kastenform mit den Schokoraspeln bestreut und abwechselnd mit Lagen von Löffelbiskuits und der flüssigen Schokoladenmasse gefüllt und einige Stunden kalt gestellt.
- Dann kann die Kastenform gestürzt und der Kuchen mit Puderzucker bestreut werden – fertig ist der „Zebra"- Kuchen.
Er ist vor allem bei Kindern sehr beliebt.

Quelle: Luise B., Ostpreußen

200 g	*französische Löffelbiskuits*
150 g	*französische, belgische oder schwedische Schokolade*
50 g	*Schokoraspel*
250 g	*Zucker*
250 g	*Pflanzenfett (=Palmin)*
2	*unjodierte Eier*
	Puderzucker

Backform:
Kastenform

KUCHEN & GEBÄCK

GEDECKTER APFELKUCHEN
im Rührteig

Ca. 1 1/2 Stunden | mittel schwer

500 g	Mehl
250 g	irische Butter
120 g	Zucker
2 kg	Äpfel
2	unjodierte Eier
1	Prise unjodiertes Salz/Siedesalz
1	Päckchen Backpulver
1	Päckchen Vanille-Zucker
1-2	Tropfen Vanille-Aroma
1 EL	Zimt
2-3 EL	gemahlene Nüsse
1/2	Tasse Wasser

Backform:
1 runde Rührkuchenform

- Aus Mehl, Zucker, zerlassener Butter, 2 Eiern mit 1 Prise Salz, dem Backpulver, und Vanille-Aroma wird ein Rührteig hergestellt, gut durchgeknetet und für eine halbe Stunde im Kühlschrank kühl gestellt.
- In dieser Zeit wird der Ofen auf 200° vorgeheizt und die Äpfel werden geschält, die Kerngehäuse vollständig entfernt und die Äpfel in kleine Stück geschnitten.
- Dann werden die Apfelstücke mit dem Zimt und dem Vanille-Zucker verrührt und in einer 1/2 Tasse Wasser etwa 15 Minuten gedünstet (sie dürfen nicht zerfallen!).
- Nun wird die Kuchenform gefettet.
- Den gekühlten Teig aus dem Kühlschrank noch einmal kneten, ausrollen
- und mit 2/3 des Teiges die Form auslegen.
- Dann kommen die gedünsteten Äpfel hinzu.
- Schließlich wird aus der restlichen 1/3 Teigmenge der Kuchendeckel hauchdünn ausgerollt, der Apfelkuchen damit abgedeckt
- und bei 180° ca. 50 Minuten gebacken.
- Nach dem Abschalten der Hitze bleibt der fertig gebackene Apfelkuchen noch etwas im warmen Ofen stehen.

Quelle: Kim, 2009

Tip:
während des Backens den Kuchen mit den gemahlenen Nüssen bestreuen.

KIMS APFELKUCHEN

Wir waren von der plötzlichen Apfelfülle unserer beiden Apfelbäume überrascht worden und ich verschenkte soviel Äpfel an Freunde und Bekannte, wie es nur ging.

Ein ebenfalls apfelbeschenkter Sportlehrer und einer seiner Schüler meinten, als Dank dafür müsste man mir einen Apfelkuchen backen.

„So einfach geht das nicht", dämpfte ich ihre Kuchenplanung, „erst muß ich wissen, welche Zutaten in den Kuchen hinein kommen."

Kim, der ihn backen wollte, zählte auf: „Mehl, Zucker, Butter, Eier ..."- „Oh, das geht leider nicht", bedauerte ich, „denn Butter und Eier sind, wenn sie aus Deutschland kommen, meist schon über jodiertes Futter vorjodiert, dadurch vertrage ich sie nicht." Und ich dachte, damit sei der Apfelkuchen, wie viele Einladungen zum Essen zum Beispiel, wieder „vom Tisch".

Aber die beiden waren nicht bereit, sich ihre schöne Idee durch diese Hindernisse verderben zu lassen und der Lehrer wollte wissen:
„Woher nehmen Sie denn unjodierte Butter und Eier, wenn Sie sie brauchen?"- „Die einzige unjodierte Butter, die es meines Wissens bei uns gibt, ist aus Irland, die bekomme ich fast in jedem Lebensmittelgeschäft. Mit den Eiern ist es schwieriger, die kaufe ich hier auf dem Viehmarkt beim Stand vom Hofgut Serrig, die sind ok."

Sein Gesicht hellte sich auf. „Die Butter ist dann schon kein Problem mehr, und an die unjodierten Eier werden wir auch noch kommen! Es wäre doch gelacht, wenn Sie Ihren Apfelkuchen wegen so einer dummen Sache nicht bekommen könnten!"

Nun fing ich auch an, mich auf den Apfelkuchen zu freuen, und natürlich konnte Kim die beiden unjodierten Eier und die irische Butter sofort von mir bekommen.
Das war nun mein Dank für ihre Beharrlichkeit, sich von diesen Jodproblemen nicht abwimmeln zu lassen. Und der Apfelkuchen schmeckte wunderbar!

Dagmar Braunschweig-Pauli M.A., Trier, 2009

DESSERT

🍴 APFELMUS

⏱ Ca. 1 Stunde   👤 4 Personen   🔋 leicht

8 - 10	mittlere, nicht zu süße Äpfel, z.B. alte Sorten wie Rote Sternrenetten oder Prinz Albrecht v. Preußen oder Boskoop
1-2 EL	Zucker/Rohrzucker (nach Geschmack)
1-2	Zimtstangen
1	Tasse Wasser

- Die Äpfel schälen und in kleine Stücke schneiden und
- zusammen mit dem Zucker und den Zimtstangen mit etwa 1 Tasse Wasser – zwar so wenig wie möglich, aber so viel wie nötig! – ansetzen und
- unter häufigem Rühren zum Kochen bringen. ◆ Bei geringer Hitze weiter köcheln lassen, bis die Äpfel zerfallen sind.
- Zum Servieren die zerbröckelten Zimtstangen – so weit möglich - aus dem Apfelmus entfernen.

Quelle: Luise B., Ostpreußen

Serviervorschlag:
Lecker mit Sahne oder Sahnequark.

DESSERT

🍴 VANILLE-EIS

⏰ Ca. 1 Tag   📎 mittel schwer

• Die 10 Eigelb und die 5 ganzen Eier wie beim Zimt- und Mohneis mit dem Zucker im Wasserbad heiß aufschlagen, bis eine Bindung entsteht.
• Dann im kalten Wasser wieder kalt schlagen.
• Die klein gebrochenen Vanillestangen werden etwa 20 Minuten in der Milch gekocht und dann aus der Vanille-Milch entfernt.
• Die Vanillemilch anschließend zusammen mit der Sahne mit der flüssigen Gelatine bzw. Pektin vermischen,
• unter die kalte Eimasse geben, alles gut miteinander verrühren,
• in eine Tortenform geben und 1 Tag im Gefrierschrank gefrieren lassen.

10	unjodierte Eigelb
5	ganze, unjodierte Eier
400 g	Zucker
2	Stangen echte Bourbon-Vanille
5 g	Gelatine (als Ersatz: Pektin)
1 l	geschlagene unjodierte Sahne (s. Ersatzsahne S. 33)
50 ml	unjodierte Milch (s. Ersatzmilch, S. 32)

Quelle: Frau Kögel, Gasthaus zur Post, Wessobrunn, 10. März 1985

DESSERT

🍴 ZIMTEIS

Ca. 1 Tag | mittel schwer

10	unjodierte Eigelb
5	ganze, unjodierte Eier
400 g	Zucker
1-2 TL	Zimt (nach Geschmack)
5 g	Gelatine (als Ersatz: Pektin)
1 l	geschlagene unjodierte Sahne (s. Ersatzsahne S. 33)

- Die 10 Eigelb und die 5 ganzen Eier mit dem Zucker im Wasserbad heiß aufschlagen, bis eine Bindung entsteht.
- Dann im kalten Wasser wieder kalt schlagen.
- Den Zimt und die Sahne mit der flüssigen Gelatine bzw. Pektin vermischen,
- unter die kalte Eimasse geben, alles gut miteinander verrühren
- und in eine Tortenform gießen und 1 Tag im Gefrierschrank gefrieren lassen.

Quelle: Frau Kögel, Gasthaus zur Post, Wessobrunn, 10 März 1985

Serviervorschlag:
Zimteis mit Kiwis

DESSERT

🍴 MOHNEIS

🕐 Ca. 1 Tag   📎 mittel schwer

- Die 10 Eigelb und die 5 ganzen Eier wie beim Zimteis mit dem Zucker im Wasserbad heiß aufschlagen, bis eine Bindung entsteht.
- Dann im kalten Wasser wieder kalt schlagen.
- Der Mohn wird etwa 20 Minuten in Milch gekocht, abgeseiht
- und abgekühlt zusammen mit der Sahne mit der flüssigen Gelatine bzw. Pektin vermischt.
- Alles wird in die kalte Eimasse gegeben, gut miteinander verrührt
- und in einer Tortenform mindestens 1 Tag im Gefrierschrank gefroren.

10	*unjodierte Eigelb*
5	*ganze, unjodierte Eier*
400 g	*Zucker*
100 g	*Mohn*
5 g	*Gelatine (als Ersatz: Pektin)*
1 l	*geschlagene unjodierte Sahne (s. Ersatzsahne S. 33)*
100 ml	*unjodierte Milch (s. Ersatzmilch, S. 32)*

Quelle: Frau Kögel, Gasthaus zur Post, Wessobrunn, 10. März 1985

Serviervorschlag:
Auch zu Mohneis schmecken Kiwis wunderbar, aber auch frische Erdbeeren oder Himbeeren.

DESSERT

🍴 MAMSELL LUISES KAISER-EIS

Vanille-Eis mit heißer Schokoladensauce

🕐 Ca. 20 Minuten　👤 4 Personen　◯ leicht

600 ml	selbstgemachtes Halbgefrorenes mit Vanille oder fertiges Italienisches, französisches, belgisches oder englisches Vanille-Eis
300 g	frz. Zartbitterschokolade
100 ml	unjodierte Milch (s. Ersatzmilch, S. 32)
1-2 EL	Mohn

- Das Halbgefrorene wie beim Vanille-Eis zubereiten. Der Mohn wird etwa 20 Minuten in Milch gekocht, abgeseiht und abgekühlt.
- Die Schokolade in kleine Stückchen brechen und im Wasserbad bei geringer Temperatur in etwa 20 Minuten langsam flüssig werden lassen und den Mohn unterrühren.
- Dann das Vanille-Eis in die Eisbecher füllen, und die flüssige Mohn-Schokolade darüber gießen.

Quelle: Mamsell Luise, Ostpreußen

Serviervorschlag:
Nach Geschmack unjodierte Sahne (s. Ersatzsahne S. 35) dazu geben. Als Eis-Waffel sind belgische Butterwaffeln, die eigentlich in den meisten Lebensmittel-Ketten und im Einzelhandel zu bekommen sind, wunderbar. Eine Tasse Mokka rundet den Genuß ab.

Mamsell Luises Kaiser-Dessert
Heute kennt man diese Art, Vanille-Eis mit heißer Schokolade zu essen, als „Dame Blanche". Vor über hundert Jahren, als meine Großmutter Mamsell in Ostpreußen war, war das vielerorts auf dem Lande oft noch anders.
Als Mamsell Luise sich um 1900 die Menufolge für ein Festessen zu Ehren Kaiser Wilhelms II. überlegte, kam ihr für das Dessert die Idee zu dem doppelten Kontrast: heiß auf kalt und schwarz auf weiß: Vanille-Eis mit heißer Zartbitterschokolade. Luise hatte sich durchaus auf ein Lob für ihre - damals noch - ausgefallene Eis-Kreation gefreut, aber es passierte etwas, womit sie niemals gerechnet hätte: sie wurde unmittelbar, nachdem dieses Eis-Dessert serviert und verzehrt worden war, ins Esszimmer gerufen, und der Kaiser sprach ihr seinen persönlichen Dank für diesen ihn überraschenden und köstlichen Nachtisch aus.

🍴 SAURE GURKEN

⏱ Ca. 2 Stunden   📙 mittel schwer

- Salzwasser aufkochen und abkühlen lassen.
- In dieser Zeit werden die gewaschenen und – nach Belieben – klein geschnittenen Gurken in die Gläser gefüllt und mit den Senfkörnern und dem Dill bestreut.
- Dann wird das abgekühlte Salzwasser dazugegeben und die Gläser fest zugeschraubt.
- An einen warmen Ort gestellt, ist die Milchsäuregärung nach 4-6 Tagen abgeschlossen.

Quelle: Barbara Lohmann, Hauswirtschaftsmeisterin

Der Gurkentöter
„Das Einlegen von Gurken mit Jodsalz ist schuld an dem Nichtgelingen und nicht die Düngung, obwohl eine Düngung mit Kompost oder Mist vorzuziehen ist. Ich selbst habe die negativen Erfahrungen machen müssen, daß meine Salzgurken und mein Sauerkraut durch die Verwendung von Jodsalz verdorben sind. In der Zeit, als das Jodsalz noch hochgelobt und gepriesen wurde, habe ich den selbst gezogenen Kohl in einem 8-L-Gärtopf mit Jodsalz, Wacholderbeeren usw. eingelegt. Die Milchsäuregärung kam nicht in Gang, das Kraut wurde grau und matschig und roch ungut. Nach drei Wochen habe ich das Kraut auf den Kompost gebracht. Als dasselbe mit den Gurken passierte, ging mir ein Licht auf. Eine Nachbarin, eine Polin, hat mich ausgelacht und mir erklärt, daß man in Polen nur Steinsalz zum Einlegen benutzt. Auch kein Meersalz, da das noch Spuren von Jod enthält. Sie sagte auch noch: Das weiß in Polen schon jedes Kind, daß Sauerkraut nur mit Steinsalz eingelegt wird. ... Übrigens sah ich zu der Zeit, als ich noch Jodsalz in der Küche benutzte, genau so grau im Gesicht aus wie das Sauerkraut."
Quelle: Leserbrief von Barbara Lohmann im Landwirtschaftlichen Wochenblatt Nr. 49, 3. Dezember 2008, zu Frage und Antwort „Wie bleiben Salzgurken knackig".

1 kg	kleine grüne Gurken
1 EL	Senfkörner
1	Bund Dill
1 L	Wasser
1 EL	unjodiertes Salz/Siedesalz

Wichtig:
Sauerkonserven wie Gurken und Sauerkraut werden grundsätzlich nur mit unjodiertem Salz eingelegt, weil das Jod die eingelegten Gemüse verdirbt.

VERSCHIEDENES

🍴 MAYONNAISE

⏱ Ca. 10 Minuten 👤 4 Personen 🔲 leicht

3	unjodierte Eigelb
1/2 l	Öl (geschmacksneutral)
1	Prise unjodiertes Salz/Siedesalz

Variationen:
verschiedene Kräuter, Schalotten, Senf, Tomatenmark etc.

- Das Eigelb vom Eiweiß* trennen und in einer Schüssel mit dem Salz schaumig schlagen,
- das Öl **tropfenweise!** hinzutun und so lange verrühren, bis eine cremige Masse entstanden ist. Fertig.

Quelle: dtv-Küchenlexikon, a.a.O., S. 317f.

* Eiweiß als Überbleibsel
Wenn Eiweiß bei einer Zubereitung übrig bleibt, ist das für mich die Aufforderung, endlich einmal wieder Makrönchen (s. Makrönchen S. 120) zu backen

🍴 MEERRETTICH-SAHNE

⏱ Ca. 10 Minuten 👤 4 Personen 🔲 leicht

| 2 EL | Meerrettich von 1 frischen Meerrettich (es gibt auch ungarischen Meerrettich) |
| 2 EL | unjodierte Sahne (s. Ersatzsahne, S. 33) |

- Vom frischen Meerrettich wird so viel abgerieben, daß Sie eine Menge von 2 Eßlöffeln geriebenem Meerrettich erhalten.
- Die Sahne unterrühren.

Quelle: Dagmar Braunschweig-Pauli M.A., Bamberg 1985

Serviervorschlag:
und zu gekochtem Rindfleisch, verlorenen Eiern oder zum Strammen Hinnak (S. 65) servieren.

STÄRKUNGS-TRANK

⏱ Ca. 5 Minuten   👤 1 Person   🔋 leicht

- Der Eidotter wird vom Eiweiß getrennt und in einer großen Tasse schaumig gerührt.
- Zuerst wird der Honig dazugegeben
- und schließlich der Zitronen- oder Orangensaft.

1	unjodierter Eidotter
1 EL	Tannen-Honig (flüssig)
1	Glas frisch gepreßter Saft von 1-2 Zitronen oder 1 Orange

Quelle: Familienrezept

Diesen wunderbaren Stärkungs-Trank bereitete meine thüringische Großmutter immer, wenn ein Familienmitglied krank war.

KNOBLAUCHBUTTER

⏱ Ca. 1 Stunde   🔋 leicht

- Die Knoblauchzehen schälen und im Wasser weich kochen.
- Dann die Butter in einem Tiegelchen zerlassen, die Knoblauchzehen darin verarbeiten und alles durch ein Sieb drücken.
- Im Kühlschrank wieder kalt werden lassen – und die Knoblauchbutter ist streichfertig.

2	Knoblauchknollen
250 ml	Wasser
250 g	irische Butter

Quelle: dtv-Küchenlexikon, S. 257

VERSCHIEDENES

🍴 BÄRLAUCHPESTO

⏰ Ca. 15 Minuten   👤 4 Personen   ⭕ leicht

80 g	Bärlauchblätter
4	Stängel Basilikum
3 EL	selbst geröstete Pinienkerne
6 CL	Olivenöl
2 EL	Italienscher Parmesankäse: frisch, am Stück
	unjodiertes Salz/Siedesalz
	Weißer Pfeffer

• Pinienkerne in einer trockenen Pfanne langsam unter Rühren rösten und abkühlen lassen.
• Parmesan rappen.
• Gewaschenen Bärlauch und Basilikum gut ausschütteln, grob zerkleinern
• mit den Pinienkernen im Mixer pürieren.
• Aus dem Mixer nehmen und dann langsam unter Rühren das Öl zugeben, Parmesan unterrühren und mit Salz und Pfeffer abschmecken. Fertig zum Genuß!
• Aufbewahren: in ein Schraubglas füllen, mit Olivenöl „versiegeln" und Deckel drauf: So hält sich Ihr Pesto einige Zeit im Kühlschrank.

Quelle: Tannja Decker, Trier

Serviervorschlag:
Köstlich auf Weißbrot, Baguette und zu Pasta!

Tip:
Pesto gibt es in allen möglichen Variationen. Seien Sie kreativ und versuchen es selbst!
Faustregel:
1/4 Öl: bestes! Olivenöl oder Rapsöl
1/4 Kerne: Kürbis- oder Pinienkerne
2/4 Kräuter: Basilikum, Bärlauch, Rucola oder getrocknete italienische Tomaten
1 TL Salz auf 500 gr Pesto
Den Käse rappen und nicht mit in den Mixer geben und das Öl zum Schluß langsam! und unter Rühren dazugeben.
Lecker ist auch Knoblauch dazu, den benötigen Sie aber bei der Verwendung von Bärlauch aufgrund seines natürlichen, feinen Knoblaucharomas nicht.
Bärlauch ist sehr gesund und wird im Frühjahr als Wildkraut angeboten: es dient der Entgiftung des Körpers und ist gut für die Gelenke

Quelle: mündlich

GETRÄNKE

🍴 INGWER-TEE
feurig & gesund

🕐 Ca. 10-25 Minuten ▯ leicht

• Eine etwa 5 mm dicke Scheibe von der Ingwerwurzel abschneiden, schälen und mit dem kochenden Wasser übergießen. Fertig. Die Ingwerscheibe verbleibt im Getränk.

Zutaten für 1 L Tee
5 mm dicke Scheibe einer frischen Ingwerwurzel
1 L Wasser

Heißer Ingwertee ist das ideale Getränk für die kalte Jahreszeit, auch beim Sport und für unterwegs. Kalter Ingwertee, eventuell mit Eisstückchen, ist eine köstliche Sommer-Erfrischung.

Quelle: mündlich

🍴 BERGKRISTALL-WASSER

🕐 Ca. 30 Minuten ▯ leicht

• Der Bergkristall wird durch Abkochen erst gereinigt. Dieses erste Wasser wird weggeschüttet.
• Danach wird der gereinigte Bergkristall in eine Karaffe mit 1 L Trinkwasser bzw. Mineralwasser gelegt und darin einige Stunden darin ziehen gelassen.
Quelle: Dagmar Braunschweig-Pauli „38 Heilsteine für ein gesundes Leben", Herbig Verlag München, 2. Aufl. 2007, S. 209

Zutaten für 1 L
1 etwa daumengroßer Bergkristall oder mehrere kleinere Bergkristalle
1 L Wasser oder Mineralwasser

Bergkristall besteht zu 100% aus Siliziumdioxid (=Kieselsäure), das für Elastizität und Festigkeit der Haut, des Bindegewebes und der Blutgefäße sorgt. Silizium läßt Haare, Finger- und Fußnägel besser wachsen, ist wesentlich an der Kalziumaufnahme in Zähnen und Knochen beteiligt, undstärkt die körpereigene Abwehr, indem es die so genannten „Freßzellen" aktiviert und Krankheitserreger isoliert. (s. a.a.O., S. 62)
Tip: Bergkristall in den Wasserkessel für Kaffee- oder Tee-Wasser geben.

GETRÄNKE

🍴 ARABISCHER KAFFEE
mit Kardamom

Ca. 15 Minuten — leicht

Zutaten für ca. 6 Mokkatassen
1 EL grüne (sehr wichtig!) Kardamomkapseln
6 EL Kaffee- oder Mokkabohnen
6 EL Zucker, nach Geschmack auch weniger
1/2 L Wasser

- Die grünen Kardamomkapseln von ihren Schalen befreien und die Samen zusammen mit den Kaffee- oder Mokkabohnen in einer Mokkamühle mahlen.
- Das Wasser in einem offenen Topf mit dem Zucker zum Kochen bringen und das Kardamom- und Kaffeemehl dazugeben.
- Alles umrühren und 3 x aufkochen lassen. Dabei wird der Topf jeweils schnell von der Platte gezogen, wenn der Kaffee im Topf hoch kocht, um ein Überkochen zu verhindern.
- Dann wird der Kaffee (mit Kaffeesatz) in eine Mokkakanne oder gleich in die Mokkatassen eingegossen.

Arabischer Kaffee wird traditionell ohne Milch getrunken.

Quelle: mündlich aus Israel

Ein befreundeter Theologe brachte dieses Rezept von einer Israelreise mit, und seitdem ich diesen köstlichen Kaffee getrunken habe, bildet er zusammen mit dem ostpreußischen Marillenkuchen für mich das köstlichste Dessert, das ich nach einem festlichen Essen anbieten kann. Und ich bin froh, daß ich die Kardamomkapseln und Kaffeebohnen noch in Tantes alter Mokkamühle per Hand mahlen kann, wodurch das Aroma des frischen Kardamoms und der Kaffeebohnen besonders gut zur Entfaltung kommt.

Kardamom wirkt verdauungsfördernd, krampflösend und regt Körper und Geist an – er bildet also den idealen Abschluß eines üppigen Mahles.

OSTPREUSSISCHER BÄRENFANG

Ca. 1 Tag | leicht

- Den Honig, falls er nicht flüssig ist, im Wasserbad erwärmen und im flüssigen Zustand mit dem Alkohol verrühren und über Nacht stehen lassen.
- Dann wird die Honig-Alkohol-Mischung mit dem Mineralwasser vermischt, gut verrührt, gefiltert (z.B. durch Papier-Teefilter), und in eine Flasche gefüllt.
- Flasche vor jedem Gebrauch gut schütteln.

Tip:
Bärenfang eignet sich auch zum Bestreichen von Geflügel – s. Martinsgans – und zur Verfeinerung von Kuchenzutaten – s. Thüringischer Stollen.

Quelle: Familienrezept

Zutaten für 1 l Bärenfang
1/2 Pfund echter Bienenhonig
175 ml reiner Alkohol (90%)
1/2 L Mineralwasser

Außerdem:
1 gespülte Flasche mit Korken oder Schraubverschluß.

Es ist ja sprichwörtlich, daß Ostpreußen ein hohes Alter in Gesundheit und geistiger Frische erleben, und ich bin mir ganz sicher, daß man das auch darauf zurück führen kann, daß Honig in allen Variationen zur ostpreußischen Lebens- und Ernährungsart gehört hat.

DOKTOR BIENE: GOTT SUMMT MIT

Es gab einmal eine Zeitungsüberschrift über die dramatische Bergungsaktion an einem verschütteten Kind, die lautete: „Gott bohrt mit." Und das Zusammenwirken vielfältiger und unterschiedlicher Kräfte führte schließlich zur Rettung des Kindes.

„Analog zur Biene", meint Paul Uccusic, müsste es heißen: „Gott summt mit." Denn das Zusammenwirken vielfältiger Inhaltsstoffe in Bienenprodukten wie z.B. Zucker, Protein, Fermente, Mineralstoffe, Vitamine, Hormone, Fette, Aromastoffe, ätherische Öle und Aminosäuren, greift die Krankheitserreger oft besser an als der isolierte Reinstoff eines Medikamentes, weswegen die außerordentliche Heilkraft des Honigs und anderer

Bienenprodukte wie Geleè Royale (=Weiselfuttersaft), Pollen und Propolis (=Bienenkittharz) seit der Antike von Menschen aller Kulturen als wahres Gottesgeschenk angesehen wird.

Und mittlerweile bestätigen auch wissenschaftliche Forschungen die besondere Heilkraft der Bienenprodukte. In einer Studie (1963) der „Lee Foundation for Nutritional Research of Milwaukee" heißt es etwa, daß" Pollen eine so perfekt ausgewogene Substanz ist, daß man von ihr alleine leben kann."(a.a.O., S. 93)

In der arabischen Medizin des Mittelalters genoß der Honig und eine spezielle Art von Honigmet einen legendären Ruf als Potenzmittel. Heute kann man die Erfahrungswerte wissenschaftlich erklären: Pollen enthalten viel Fruchtzucker, der als Energiespender für die Spermien dient, außerdem die für die Spermienproduktion u.a. wichtigen Aminosäuren Arginin, Histidin und Glycin. In Gelèe Royale sind die ähnlich wirkenden Wuchsstoffe und pflanzlichen Hormone und die Pantothensäure enthalten. Pollen und Gelèe Royale zusammen unterstützen die Vermehrung und Beweglichkeit der Spermien.

Beide Bienenprodukte haben sich auch in der Frauenheilkunde bewährt, von der Pubertät bis zum Klimakterium. Und in der Krebstherapie werden sie neben den konservativen Maßnahmen erfolgreich zur Kräftigung, Entgiftung der Leber nach Chemotherapie und Bestrahlung) und zu erwünschten Gewichtszunahme eingesetzt.

Das Bienenkittharz Propolis, mit dem die Bienen ihr Flugloch verengen und sich so wirksam gegen das Eindringen von Krankheitserregern schützen, ist ein hochwirksames Antibiotikum. Außer gegen Bakterien wirkt es gegen Viren und Pilze. Es stärkt das Immunsystem und wirkt vorbeugend gegen Grippe und Infektionen. Es ist ein ausgesprochener Breitbandwirkstoff von A wie Akne bis Z wie Zahnfleischschwund, und es scheint als Salbe eines der besten Mittel gegen den sogenannten „Tennisarm" zu sein.

Mit „Doktor Biene" ist uns von der Natur einer der wundervollsten Heilmittelproduzenten geschenkt worden, und es besteht kein Zweifel: Gott summt mit.

Quelle: Dagmar Braunschweig-Pauli, Buchrezension vom 1. 10. 1997 von Paul Uccusic's Sachbuch „Doktor Biene. Heilkraft aus dem Bienenstock. Ariston-Verlag 1997, ISBN: 3-7205-1983-X.

III. EINKAUFSTEIL

LADENHÜTER JODMILCH
Die Milch – das größte Sorgenkind deutscher Lebensmittel-Produktion

Die Milch ist in Deutschland das größte Ernährungsproblem, weswegen ich ihr hier ein eigenes Kapitel widme.

Milch ist meines Wissens nach aber nicht deshalb das größte Problem in unserer Ernährung, weil es im Bereich der Subventionen und Erzeugerpreise politische Fehlentscheidungen gegeben hat, sondern meiner Erfahrung als Jodgeschädigte nach **allein deshalb**, weil in Deutschland mit der *Jodmilch* – über fast vollständig jodiertes Viehfutter und jodierte Lecksteine, leider auch zum größten Teil im Biobereich! – ein Produkt produziert wird, das immer weniger Menschen aus gesundheitlichen Gründen vertragen und deshalb auch kaufen können, selbst wenn sie es wollten.

Mit anderen Worten: immer mehr Menschen, die – erst durch die Zwangsjodierung in Deutschland krank geworden sind – müssen aus gesundheitlichen Gründen auf inländische Milch verzichten, **weil sie über das nahezu ausschließlich jodierte Futter jodierte Milch! geworden ist**. Und das sind, laut Expertenaussagen, inzwischen bereits 33% der Bevölkerung, Tendenz steigend, weil ja weiter jodiert wird.

In Zahlen bedeutet das, daß , leider mit wachsender Tendenz, weit über 25 Millionen Menschen in Deutschland die hier fast ausschließlich (die sehr! wenigen Ausnahmen sind entweder nicht allgemein bekannt, deshalb auch nicht allgemein zugänglich, und meist wird diese unjodierte Milch dann auch noch in den Molkereien mit anderer Jodmilch vermischt, also wieder für Jodempfindliche ungenießbar gemacht) produzierte Jodmilch nicht mehr kaufen (können!).

Dabei wollen alle Jodgeschädigten, die ich kenne, und die sich bei der SHG der Jodallergiker, Morbus Basedow- und Hyperthyreosekranken EinkaufsTips erbitten, Milch und Milchprodukte, die nicht über das Viehfutter künstlich jodiert werden, das kann ich Ihnen versichern.

Frei nach Shakespeare gesagt: *Ein Königreich für unjodierte Milch!*

Um also an nicht künstlich jodierte Milchprodukte zu kommen, fahren Jodgeschädigte nach Frankreich, nach Polen, nach Holland, Luxemburg und Belgien, und sogar über den Kanal nach England, um dort unjodierte Babynährung (!) zu kaufen.

Wir alle nehmen es auf uns, extreme Entfernungen zurück zu legen, nur um an **Milch und Milchprodukte ohne Jodbelastung** zu kommen. Daraus ist ein regelrechter Milchtourismus geworden. Und im eigenen Lande vergammelt die Jodmilch, und die Milchbauern haben keine Ahnung von den wahren Hintergründen ihrer Misere.

Und wer nicht so weit ins Ausland fahren kann, lässt sich, wenn es geht, **Milch-Care-Pakete** mit unjodierter Milch aus dem Ausland schicken. Ich bekam meine ersten Milch-Care-Pakete aus Polen.

Es ist ein Ernährungsnotzustand fast wie im Krieg, nur haben sich bis jetzt leider die Medien trotz unzähliger Hinweise von uns Jodgeschädigten noch nicht auf diesen katastrophalen Zustand aufmerksam machen lassen.

Das muß man sich einmal auf der Zunge zergehen lassen: im Lande streiken die Milchbäuerinnen vor dem Kanzleramt in Berlin, weil ihnen der Verdienst für ihre **jodierten Milchprodukte** weggebrochen ist, und Millionen Deutsche fahren stundenlang und kilometerweit ins Ausland, **um unjodierte** Milch zu kaufen! Über soviel Absurdität müsste man lachen, wenn es nicht wirklich zum Weinen wäre.

Fakt ist: Es gibt in Deutschland nachweislich einen stetig wachsenden Bedarf an nicht künstlich jodierter Milch – aber dieser Bedarf kann in Deutschland nicht auch nur ansatzweise mit hier erzeugter Milch gedeckt werden.

Statt dessen wird hier in Deutschland stur – weil die von uns Jodkritikern vorgebrachten Proteste gegen die nahezu generelle Jodierung des Viehfutters von Verantwortlichen hartnäckig ignoriert werden – weiter das Viehfutter jodiert, so daß die deutschen Milchkühe praktisch ausnahmslos **Jodmilch** geben.

Das ist, salopp ausgedrückt, der absolute Schwachsinn!

Auf diese Weise produzieren deutsche Milchbauern mit der **Jodmilch reine Ladenhüter!**

Makaberer Weise ist ihnen das aber gar nicht bewußt, weil man ihnen ja einredet, daß ihre Tiere das jodierte Viehfutter brauchten, um gesund zu bleiben, und so sägen sie sich auf Befehl von oben brav selber den Ast ab, auf dem sie sitzen: sie produzieren mit den Jodzusätzen im Viehfutter – unfreiwilllig! – krank machende Milch, und die über ihre Krankheit informierten Verbraucher, die wissen, daß sie künstliche Jodzusätze meiden müssen und daß diese über das Jodfutter in deutsche tierische Produkte gelangen, und die diese deutsche Milch aber kaufen sollen, kaufen sie natürlich nicht – denn wer ist schon so dumm, und kauft bewusst gesundheitsschädliche Lebensmittel?

Um es wieder mit einem Sprichwort auszudrücken: Wenigstens die informierten Jodgeschädigten sind keine Kälber, die sich ihre Metzger selber wählen.

Um auf **diesen wahren Hintergrund der aktuellen Milchmisere** aufmerksam zu machen, habe ich den streikenden Milchbäuerinnen folgenden offenen Brief geschrieben:

OFFENER BRIEF
an die Bäuerinnen im Hungerstreik vor dem Kanzleramt in Berlln

Dagmar Braunschweig-Pauli M.A.
Sprecherin der Deutschen SHG der Jodallergiker,
Morbus Basedow- und Hyperthyreosekranken

An der Pferdsweide 60, 54296 Trier
Tel.: 0651/ 9963677, EMail: mail@jod-kritik.de,
www.jod-kritik.de   Trier, den 18 Mai 2009

An die Bäuerinnen im Hungerstreik vor dem Kanzleramt in Berlln

Liebe Bäuerinnen im Hungerstreik!

Von Anfang an habe ich Ihre Proteste in Berlin, die nun in Ihren verzweifelten Hungerstreik vor dem Kanzleramt übergegangen sind, mit Interesse und großem Verständnis verfolgt.

Und in der letzten Woche hatte ich in verschiedenen Internet-Zeitungen Leserbriefe zur Erklärung Ihres Problems veröffentlicht.

Um Sie aber direkt zu erreichen, schreibe ich Ihnen diesen "Offenen Brief", und ich bitte einen Berliner Freund, ihn Ihnen zu überbringen:

Wahrscheinlich wissen Sie gar nicht, dass Sie sozusagen einer gigantischen Fehlinformation "ins Messer gelaufen" sind und nun mit Ihrer Milch und allen Milchprodukten Lebensmittel erzeugen, die immer weniger Menschen in Deutschland aus gesundheitlichen Gründen vertragen.

Deutsche Milchprodukte sind Ladenhüter, und warum?

Weil der Tip, jodiertes Viehfutter zu füttern, seit 1985/86 dazu geführt hat, dass die über das Futter künstlich jodierten Tiere hochjodhaltige Milchprodukte, Fleisch, Eier etc. liefern, die die Konsumenten dieser Produkte erstmals krank - vor allem schilddrüsenkrank - gemacht haben.

Und diese wachsende Zahl von Jodkranken - laut WDR-Sendung im Februar 2009 beläuft sich allein die Zahl der jodinduzierten Hashimotoerkrankungen auf über 10 Millionen Menschen - , zu denen außerdem u.a. über 4% Basedow-Kranke, Jodallergiker, Menschen mit Schilddrüsenüberfunktion und Unterfunktion, Schilddrüsenkrebs, Osteoporose, ADHS und Alzheimer gehören, vertragen aus gesundheitlichen Gründen keine wie auch immer gearteten künstlich jodierten Lebensmittel mehr. Also auch nicht Ihre Milchprodukte. Dabei suchen wir verzweifelt nach unjodierten Milchprodukten und fahren weite Strecken ins Ausland, z.B. nach Frankreich, Belgien, England und Polen, um unjodierte Milchprodukte zu kaufen.

Und ich habe für Betroffene in meiner Deutschen SHG der Jodallergiker, Morbus Basedow- und Hyperthyrosekranken , die nicht ins benachbarte Ausland fahren können, inzwischen ein Rezept für "Ersatzsahne" und "Ersatzmilch" entwickelt.

Schon 1995 gab ich in unserer Tageszeitung eine Anzeige auf und schrieb, dass ich für garantiert unjodierte Milchprodukte den dreifachen Preis bezahlen würde. Auch andere Jodgeschädigte würden 2 oder 3 und sogar 4 Euro für einen garantiert nicht künstlich jodierten Liter Milch bezahlen. Aber bis jetzt konnten wir nur wenige Bayerische Demeter-Bauern dazu bewegen, ihr Viehfutter nicht mehr zu jodieren. Leider wird diese geringe Menge unjodierter Milch entweder zum einen in den Molkereien mit jodierter Milch vermischt, zum anderen ist es so wenig, daß wir immer noch keine deutschen, garantiert unjodierten Milchprodukte für alle haben.

Ich möchte Sie wissen lassen, dass es Millionen von Jodgeschädigten in Deutschland gibt, die nichts lieber täten, als Ihre Milch zu kaufen, wenn diese um Himmels Willen bloß ohne künstliche Jodzusätze - über jodiertes Futter, jodierte Lecksteine - wäre!

Ein Königreich für unjodierte deutsche Milch!

Ich bitte Sie von ganzem Herzen: Produzieren Sie Milch und Milchprodukte *ohne künstliche Jodzusätze*, und (nicht nur!) die Jodgeschädigten werden überglücklich Ihre Produkte kaufen.

Im Moment schreibe ich an einem Kochbuch "Kochen und Einkaufen ohne Jodzusätze", und meine Angaben zur Milch sind leider sehr mager: in Deutschland gibt es - mit den bereits genannten, nur wenigen zugänglichen Ausnahmen - z. Zt nur die nach meinem Rezept herzustellende unjodierte "Ersatzmilch" und "Ersatzsahne".

Sie, liebe Bäuerinnen im Hungerstreik, könnten den Zustand, dass man in Deutschland aus gesundheitlichen Gründen fast keine deutschen Milchprodukte mehr essen kann, schnell ändern! Bitte, tun Sie es! Stellen Sie auf unjodiertes Viehfutter um, und Ihre finanzielle Lage wird sich schnell ändern!

Für Nachfragen und Informationen stehe ich Ihnen gerne zur Verfügung.

Mit allen guten Wünschen dafür, dass Sie bald wieder rentable Milchwirtschaft betreiben können!

Herzlichst Dagmar Braunschweig-Pauli M.A.,
Sprecherin der Deutschen SHG
der Jodallergiker, Morbus Basedow- und Hyperthyreosekranken

NICHT DAS GELBE VOM EI

Nach der Milch – und allen anderen Milch- Fleisch – und Folgeprodukten - sind die deutschen Eier das zweitgrößte Lebensmittelproblem in Deutschland.

Wie mir von Hühner-Bauern – auch aus dem Biobereich – glaubhaft versichert wurde, gibt es in Deutschland z. Zt als Fertig - Hühnerfutter fast nur solches mit – dem nicht eigens deklarierten – Jod in den sogenannten „Mineralstoff-Vormischungen", deren Einzelbestandteile, zu denen auch Jod zählt, nicht extra aufgeführt werden müssen (Achtung: empfindliche Deklarations-Lücke, auch für den EXPORT deutscher tierischer Produkte in diejenigen Länder, in denen Jod in Lebensmitteln, auch bei eingeführten Produkten, verboten ist!). Auch deutsches Hühner-Aufzuchtfutter – auch für Biobetriebe – enthält also meist zusätzliches Jod.

Von Hühnerbetrieben, die auf zugekauftes Hühnerfutter angewiesen sind, sind deshalb in Deutschland aller Wahrscheinlichkeit nach nur vorjodierte Eier (und Geflügel!) zu bekommen, die im Schnitt pro Ei etwa 64 Mikrogramm Jod enthalten. Zum Vergleich: Eier, die nicht über das Futter der Hennen jodiert sind, enthalten nur etwa 4,6 Mikrogramm Jod. In den Jahren 1988 bis 1992 hatte sich infolge des Zusatzes von 10 mg Jod pro Kilogramm Futter „der mittlere I-Gehalt des Hühnereies" vervierzehnfacht. Und die Jodierung des Ausgangsproduktes „Ei" hatte selbstverständlich auch Auswirkungen auf die mit Eiern hergestellten Folgeprodukte. „Die I-Anreicherung im Ei führte zur Verfünffachung des I-Gehaltes im Eierlikör. Auch eiergänzte Teigwaren und eihaltige Lebensmittel erhöhten ihren I-Gehalt." (s. Köhrle et al., a.a.O., S. 224)

Hühnerbetriebe, die ihre Hühner ausschließlich mit selbst erzeugtem Getreide und ohne Mineralstoffergänzungen füttern, liefern dagegen nach meinen eigenen und mir bekannt gemachten Erfahrungen einwandfrei verträgliche Eier und gleichzeitig auch Geflügel.

WICHTIG:
Es dürfen jedoch kein Brot oder Essensreste zugefüttert werden, weil sich darin wieder verstecktes Jod befinden kann!

EINKAUFEN
in Supermärkten, Discountketten, Fachgeschäften*

GRUNDNAHRUNGSMITTEL / AUSGANGS- & FERTIGPRODUKTE

Für alle Betroffenen, die nicht in Grenznähe z.B. zu Frankreich, Luxemburg, Belgien, Holland und Polen etc. wohnen, um dort unjodierte Milch und Milchprodukte, Eier, Geflügel, und andere unjodierte Lebensmittel einkaufen zu können, lohnt es sich, in den bekannten Supermärkten und Discountketten nach ausländischen und aller Wahrscheinlichkeit nach nicht künstlich jodierten Lebensmitteln zu fahnden. Die im Folgenden genannten Produkte sind diejenigen, die mir bekannt geworden und von mir recherchiert worden sind, jedoch gibt es darüber hinaus in den verschiedenen Bundesländern und im Ausland weitere Produkte, die höchstwahrscheinlich nicht künstlich jodiert sind, und die zu finden sich lohnt.

* Alle Angaben zu Lebensmitteln ohne Gewähr, eine Garantie kann nicht übernommen werden, da dieser Bereich ständigen Veränderungen unterliegt. Die hier folgende Zusammenstellung von Lebensmitteln ohne künstliche Jodzusätze erhebt keinen Anspruch auf Vollständigkeit.

BROT / ZWIEBACK

VOLLKORNBROT / SCHNITTBROT

aus Deutschland: Neben vielen regionalen Bäckerein (s. Einzel-Adressen-Nachweis), die z.T. inzwischen wieder zum unjodierten Salz zurückgekehrt sind, hatten vor allem überregional liefernde *deutsche Großbäckereien* entweder von Anfang an nicht jodiert bzw. immer auch unjodierte Brotsorten im Sortiment. Oder sie kehren seit längerem, wie viele regionale Bäckereien, auf Grund vielfältiger Beschwerden ihrer Kundschaft über die Zwangsjodierung zu unjodierten Backwaren zurück, um diejenigen Kunden wieder zurück zu gewinnen, die die jodierten Produkte nicht kaufen konnten und deshalb weg geblieben waren.

Hier sind die mir bekannten – von sicherlich noch mehreren - Groß-Firmen, die eine Vielzahl von Brotsorten ohne künstliche Jodzusätze anbieten:

- Pema - Vollkornbrot (viele Sorten), Pumpernickel etc. www.pema.de
- Lieken – Vollkornbrot (versch. Sorten), www.lieken.de; www.liekenurkorn.de
- Harry-Brot - Vollkornbrote (versch. Sorten), www.harry-brot.de

MILCHPRODUKTE

Ausland:
- Wasa-Knäckebrot – verschiedene Sorten von Knäckebrot, Snacks etc. www.wasa.de

Wichtig für Hoch-Jodempfindliche: Einige Produkte sind mit Meersalz hergestellt.

ZWIEBACK

Deutschland:
- „Friedrichsdorfer Zwieback" – www.praum-zwieback.de

Dieser Zwieback ist z. Zt. (September 2009) noch mit einfachem „Salz" hergestellt. Auf meine Anfrage vom 24. September 2009 erhielt ich per Mail am 25. September 2009 die Antwort, daß sich „das Erscheinungsbild" des Zwiebackes verändert habe, und außerdem die Information, daß „in unserem Zwieback auch Meersalz enthalten" sei. Für alle sehr empfindlichen Jodbetroffenen, die auch Meersalz nicht mehr vertragen, ist es wichtig, über diese Veränderung in der Herstellung des „Friedrichdorfer Zwieback" informiert zu werden.

- „Burger Zwieback" – www.burger-knaecke.de

Ausland:
- französischer „Auga"- Zwieback – www.auga.fr

In den bekannten Supermärkten und Diskountketten bekommen Sie Milchprodukte wie z.B. Butter, Käse, Mascarpone aus fast allen EU-Ländern sowie Fleisch aus Übersee. Für frische Milch bzw. H-Milch und Milchprodukte wie Sahne, Quark, Joghurt etc. folgen hier jedoch fast **ausschließlich** Produktquellen aus dem benachbarten Ausland. Denn leider gibt es für frische Milch und Milchprodukte – außer Butter und Käse – nur ganz vereinzelte und nur für wenige Betroffenen zu erreichende Einkaufsquellen* aus Deutschland. Die Biobranche im Allgemeinen bildet dabei – bis auf ganz wenige Betriebe – leider keine Ausnahme:

*Bitte um Mitteilung, falls weitere Einkaufsquellen von nicht künstlich über die Futtermittel jodierten Milchprodukten bekannt sind.

MILCH

Deutschland:
- eventuell von einigen Bayerischen Demeter-Bauern, die garantiert unjodiert füttern, und deren Adresse bei: info@demeter-bayern.de erfragt werden kann.

- D – 83730 Fischbachau – Martina + Werner Haase, Bio-Bauernhof „beim Krug", Sandbichl 2+4, Tel.: 08028/2064, Fax: 08028/909947, www.urlaubaufdembauernhof.de. Frischmilch von Ziege und Kuh

Ausland:
- **D** - 10117 Berlin – Galeries Lafayette, Französische Straße 23, Tel.: 030/ 209480, www.galeries-lafayette.de.
- **D** – Berlin – polnische Milch in Polenläden
- **FR** – französische Milch von Président. Fragen Sie in Ihrem Lebensmittelladen, der den Président-Käse im Sortiment führt, ob es möglich ist, auch Milch und Sahne von Président zu beziehen.

BUTTER

Deutschland:
Leider gibt es meines Wissens nach bis jetzt (Stand: September 2009) keine unjodierte deutsche Butter.

Ausland:
- **D** - 10117 Berlin – Galeries Lafayette, Französische Straße 23, Tel.: 030/ 209480, www.galeries-lafayette.de.
- **D** – Berlin – polnische Butter in Polenläden
- **IE** - irische Butter, entweder unter ihrem Markennamen „kerrygold" oder mit anderer Bezeichnung.

ACHTUNG: im ovalen Nationalitätenkennzeichen steht „D", weil diese Butter in Deutschland verpackt worden ist, was irreführend ist, da die Butter ja original aus Irland kommt. Sie wird bis jetzt von Jodempfindlichen und Jodallergikern vertragen.

JOGHURT

Deutschland:
- **D** – 83730 Fischbachau – Martina + Werner Haase, Bio-Bauernhof „beim Krug", Sandbichl 2+4, Tel.: 08028/2064, Fax: 08028/909947, www.urlaubaufdembauernhof.de. Joghurt aus 100% Ziegenmilch.

Ausland:
- **HE** - griechischer Joghurt

QUARK

Deutschland:
leider gibt es z. Zt. meines Wissens nach keinen unjodierten deutschen Quark.

Ausland:
- **FR** - französischer Quark, Marke „Nicolait": „Nicolait natur", „Nicovanille".

CRÈME FRAÎCHE

Deutschland:
leider gibt es z. Zt. meines Wissens nach keine unjodierte deutsche Crème Fraîche.

Ausland:
- **FR** - französische Crème Fraîche, Marke „Président"

GEFLÜGEL / EIER

SAHNE

Deutschland:
leider gibt es z. Zt. meines Wissens nach keine unjodierte deutsche Sahne.

Ausland:
- FR – französische Sahne von Président. Fragen Sie in Ihrem Lebensmittelladen, der den Président-Käse im Sortiment führt, ob es möglich ist, auch die Sahne von Président zu beziehen.
- IE - irische Sahne von Kerrygold, enthält aber leider das jodhaltige Carrageen als Stabilisator

KÄSE

Deutschland: s. Einzel-Bezugsadressen

Ausland:
- FR - französischer Käse (verschiedene Sorten)
- IT - italienischer „Mascarpone" (Galbani)
- italienischer Käse (versch. Sorten)
- DK - dänischer Frischkäse

EIS

Deutschland:
Unjodiertes deutsches Eis aus unjodierter Milch gibt es z. Zt. meines Wissens nach leider nicht.

Ausland:
- IT - italienisches Demeter-Eis „Gildo Rachelli"
- GB - englisches Bio-Eis (Tofutti)
- FR - französisches Eis (Häagen-Dazs)

GEFLÜGEL

Deutschland:
s. Einzel-Bezugsadressen

Ausland:
- französische Barberie-Enten
- polnische Putenbrustfilets

EIER

- Holland - Frankreich - Polen

Eier sind auch ein sehr großes Problem, vor allem für diejenigen Verbraucher, die auf Supermärkte angewiesen sind. Manchmal werden aber Eier aus Holland oder Frankreich angeboten, mit denen Betroffene – bis jetzt – gute Erfahrungen gemacht haben. In sogenannten „Polenläden" kann man eventuell auch polnische Eier bekommen bzw. bestellen. Fragen Sie immer nach, vielleicht erkennt der eine oder andere Marktleiter ja die Marktlücke, daß ein wachsender Markt für garantiert unjodierte Produkte besteht, und nimmt tierische Produkte ohne künstliche Jodzusätze in sein Produktangebot auf.

TIP: bitten Sie in Ihrem Supermarkt um ein eigenes Regal, in dem – genau wie man es bei Gluten freien Produkten macht – ausschließlich Lebensmittel ohne künstliche Jodzusätze angeboten werden. Das erleichtert die mühsame Suche nach unjodierten Produkten ungemein, und die Betroffenen sparen Zeit. Gleichzeitig wird dadurch das Risiko, doch aus Versehen künstlich jodierte Lebensmittel zu wählen, fast ganz ausgeschlossen.

FLEISCH, WURST & FISCH

FLEISCH

Deutschland:
s. Einzel-Bezugsadresse

Ausland:
- argentinische Rinder-Steaks von Marvest" , deklariert „Speisesalz (unjodiert)".
- neuseeländische Lamm-Steaks von „Marvest", deklariert „Speisesalz (unjodiert)".

SCHINKEN

Deutschland:
s. Einzel-Bezugsadresse

Ausland:
- französischer Lachs- und Gänseschinken der elsässischen Firma Koioasis SARL, s. Einzel-Bezugsadresse
- spanischer Serrano Schinken (ovales Nationalitätenkennzeichen: ES)

BISON

- kanadisches Bisonfleisch, s. auch Einzel-Bezugsadresse

WILD

aus deutschen Revieren, wenn der Förster oder Jäger keine roten, sondern ausschließlich weiße Salzlecken aufgestellt hat, z.B. im Forstbezirk Trier-Saarburg, s. unter Einzel-Bezugsadresse.

FISCH

Deutschland:
s. Einzel-Bezugsadresse

Ausland:
- polnische Fischkonserven: Heringfilets in Sahnesauce
- isländischer Lachs

WURST

Deutschland:
s. Einzel-Bezugsadresse

Ausland:
- französische Salami der elsässischen Firma Koioasis SARL, s. Einzel-Bezugsadresse
- italienische Salami "Levonetto" (Levoni www. levoni.it)

SÜSSES & KNABBEREIEN

SCHOKOLADE

Ausland:
- italienische „D. Barbero" – Cioccolateria (www.barberodavide.it)
- schwedische „Marabou"- Schokolade (by Kraft Foods Sverige)
- englische bzw. polnische „Mars"- Schokoriegel (Herkunftsland beachten!)
- belgische Pralinen (z.B. Leonidas)
- belgische Mini-Pralinen (Chocolaterie Gaston, Belgien)
- belgische „Maître du chocolat" (Kathy Chocolaterie, Brügge, Belgien)
- französische Schokolade „Jeff de Bruges" (www.jeff-de-bruges.com)

SÜSSES GEBÄCK

- italienisches Mandelgebäck „Cantuccini Sapori alla mandorla" (saporidisiena.it)
- italienisches Mandelgebäck „Mandorlati" (Fratelli LaurieriMastri Fornai, www.laurierif.com)
- belgische Karamelbiskuits "Lotus" (www.lotusbakeries.com) und „stereo"
- belgische Butterwaffeln
- französische Madeleines und Löffelbiskuits
- dänisches Buttergebäck
- schottisches Buttergebäck „Walkers Shortbread" (www.walkersshortbread.com)
- schwedisches Mürbegebäck "Vanille Traumgebäck"

MARZIPAN

Ausland:
französisches Marzipan

SÜSSES AUS TEE- UND CONFISERIELÄDEN

In den überregionalen, auch in der Schweiz, Österreich und Luxemburg vertretenen Teeläden, z.B. „Tee-Gschwendner", www.teegschwendner.de, und Confiserien bekommt man meist auch ausländische Gebäck- und Schokoladesorten:

GEBÄCK

Ausland:
- schottisches „Shortbread", ein Buttergebäck in verschiedenen Geschmackssorten, z.B. mit Schokolade, Mandeln, Ingwer etc.

Achtung für hochempfindliche Jodbetroffene: die "Mini Oatcakes Crackers" enthalten **Meersalz**, das einen zwar natürlichen Jodgehalt hat, der von vielen Jodgeschädigten vertragen wird, aber nicht von Hoch-Jodempfindlichen, die bereits auch auf diese erhöhten Mengen natürliches Jod mit Krankheitssymptomen reagieren.

- belgische Butterwaffeln
- italienisches Gebäck
- französisches Gebäck

FERTIGPRODUKTE

SCHOKOLADE

Ausland:
- belgische „Leonidas"
- belgische „Dolphin"
- französische „Valrhona"

SALZIGES GEBÄCK

Deutschland:
Wenn in der Inhaltsdeklaration nur Koch- bzw. Speisesalz und sonst keine tierischen Zutaten deklariert sind.

Ausland:
- italienisches Knabber-Gebäck (verschiedene Marken)

NUDELN

Deutschland:
wenn sie nur aus Hartweizengrieß hergestellt sind.

Ausland:
französische und italienische Marken

HALBFERTIGPRODUKTE

Deutschland:
wenn in der Inhaltsdeklaration nur Koch- bzw. Speisesalz und sonst keine tierischen Zutaten deklariert sind.

Ausland:
französische und italienische Produkte!

BLÄTTERTEIG

Deutschland:
aus dem Kühlregal, wenn „Speisesalz" deklariert ist, und in den Zutaten keine sonstigen aus Deutschland stammenden Ausgangsprodukte wie Ei oder Milch etc. deklariert sind.

KARTOFFELPRODUKTE

Deutschland:
- frischer Kloßteig von Henglein - www.henglein.de

TIEFKÜHLPRODUKTE

Deutschland:
- deutsche „Frosta"-Produkte, wenn keine deutschen Fleisch- und Milchprodukte, Eier etc. deklariert sind - www.frosta.de

Ausland:
italienische
(d.h. *ausschließlich* in Italien mit italienischen Ausgangsprodukten! hergestellte) Pizzen

KONSERVEN

Im Allgemeinen enthalten Konserven, Sauerkonserven, auch deutsche Produkte, nur „Salz", weil Jodsalz die sauer eingelegten Produkte verdirbt (s. „Der Gurkentöter",S. 135). Bitte achten Sie trotzdem genau auf die Inhaltsdeklaration von Sauerkraut, Sauren Gurken, Rotkraut, Kapern, Oliven etc..

OBST / GEMÜSE

Über jodierte Düngemittel – entweder über jodierten Viehdung – auch im Biobereich - oder Düngemittel aus röntgenkontrastmittelhaltigen Krankenhausabfällen mit Restjod (s. Glossar) – können Feldfrüchte in Deutschland jodbelastet sein.

Sichere unjodierte Einkaufsquellen sind:

deutsche Bauern, die Ihnen garantieren können, keine zugekauften und möglicherweise jodbelasteten Düngemittel bzw. keinen jodierten Biodung zu verwenden, oder

Produkte aus dem Ausland,
s. Liste der Herkunftsländer, S.23/24

DATTELN

Ausland:
- israelische Bio-Datteln „King Solomon", s. Einzel-Bezugsadresse.

BACKZUTATEN

HEFE

Deutschland: bis jetzt alle im Handel befindlichen Produkte.

MARZIPAN-ROHMASSE

Deutschland:
bis jetzt alle in Supermärkten und in Bioläden erhältliche Marzipanrohmasse.

MANDELKERNE

Ausland:
- italienische Mandelkerne von „dennree" aus kontrolliert biologischem Anbau.

PINIENKERNE

Ausland:
- pakistanische Pinienkerne der Firma „Meienburg", www.meienburg.de

SULTANINEN

Ausland:
- türkische Sultaninen von „dennree" aus kontrolliert biologischem Anbau.

VANILLE-ZUCKER

Deutschland:
- Bourbon Vanille-Zucker mit natürlichem Aroma der Firma „Ruf",www.ruf-lebensmittel.de

WÜRZMITTEL / SAUCEN

UNJODIERTES SALZ

Nicht künstlich jodiertes Salz ist insofern ebenfalls nicht einfach zu beschaffen, weil einige Lebensmittel-Ketten leider dazu übergegangen sind, ausschließlich jodiertes Salz anzubieten, zum Nachteil derjenigen Kunden, die auf diese Läden angewiesen sind und nicht ausweichen können.

Deutschland:
- Siedesalz, Marke „Erntesegen", www.erntesegen de, ist in Bioläden und Reformhäusern zu bekommen.
- Siede-Speisesalz, Marke „safrisalz" der SÜDSALZ GmbH, 74076 Heilbronn. Inhaltsstoffe: Siedesalz, Trennmittel E 535.
- „Silver Crystal Gourmet Salz" ist reines, naturbelassenes Salz aus einem Salzsee in der Kalahari Wüste in Afrika – www.silvercrystal.de
- „Krügersalz" ist reines Meersalz, enthält also natürliche Jodmengen www.krueger-salz.de
- „salt sticks", gepackt für HELLMA Gastronomie Service GmbH, D- 90425 Nürnberg, im Großhandel, z.B. METRO oder Schaper für Wiederverkäufer zu beziehen.

Ausland:
- „salt sticks", gepackt für HELLMA Austria, A-1220 Wien.
- „Original nat(UR)salz" von Roswitha Böhm, Naturprodukte GmbH, Regensburger Str. 9, A-4020 Linz, Tel.: 043 (0)732/770344, www.natursalz.at
- „Portugal-Salz", in den „Marinhas do Sol" in Portugal abgebaut, enthält keine Zusätze und gilt als das beste Salz Portugals. Inhaltsstoffe sind nach Dr. rer. Nat. Gernot Schmidt: 97,1% Natriumchlorid und geringe

GETRÄNKE

Mengen von Magnesium, Eisen, Calcium, Kupfer, Calcium- und Magnesiumkarbonat, Blei und eine Spur von Brom. Dieses „Quellsalz aus Portugal" ist zu beziehen bei: MS-Naturprodukte, Michael Schumacher, Egelseestr. 25, D-86926 Greifenberg, www.ms-naturprodukte.de

SENF

Deutschland:
- "Löwensenf", www.loewensenf.de

Frankreich:
- „Dijon Originale" von „Maille", www.maille.com

TOMATENMARK / TOMATENSAUCE

Deutschland:
- „ORO di parma" von „Hengstenberg", mit Gewürzgemüse aus Italien und auch in Italien hergestellt. (www.hengstenberg.de)

Ausland:
- italienische Produkte, die in Italien aus italienischen Ausgangsprodukten hergestellt sind.

ALKOHOLFREIE GETRÄNKE

Kaffee als Instantpulver enthält laut GU-Kompaß (a.a.O., S. 104) auf 100 g 70 Mikrogramm Jod.

Tee (keine Jodangaben im GU-Kompaß) ist generell gut verträglich. Dazu gehören ayurvedische Tees (www.yogitea.eu), Kräutertees, Gewürz- und Früchteteemischungen aus kontrolliert biologischem Anbau (www.sonnentor.com) ebenso wie Grüner und Schwarzer Tee (ohne Schadstoffbelastung), z.B. von der Teekampagne in Berlin (www.teekampagne.de). Eine weitere sehr gute und international vertretene Firma ist TeeGschwendner, www.teegschwendner.de

Malzbier enthält laut GU-Kompaß (a.a.O., S. 104) in 100 ml 1 Mikrogramm Jod.

Lapachotee enthält Jod.

MINERALQUELLEN / HEILWÄSSER

Deutschland:
- Adelheidquelle (Überkingen-Tainach),
- Albertsquelle (Bad Mergentheim), Bad Neuenahrer,
- Bad Pyrmonter Natürliches Mineralwasser,
- Elisabethenquelle (Überkingen-Tainach),
- Ensinger Schiller (Quelle Vaihingen),
- Göppinger St. Christophorus Sauerbrunnen (Bad Niedernau),
- Heppinger Heilwasser (Bad Neuenahr-Ahrweiler),
- Karlsquelle (Bad Mergentheim),

- Kissinger-Bitterwasser (Bad Kissingen),
- Königsteiner Raderheck-Quelle,
- Maxbrunnen (Bad Kissingen),
- Mühringer Heilwasser (Überkingen-Tainach),
- Pandur (Bad Kissingen),
- Rakoczy (Bad Kissingen),
- Ragauer life (Bad Windsheimer),
- Römerquelle Mainhardt (Bad Niedernau),
- St. Anna,
- St. Linus,
- St. Margareten,
- Staatl. Bad Brückenauer,
- Wernarzer Wasser (Bad Brückenau),
- Wilhelmsquelle (Bad Mergentheim).

(s. GU-Kompaß Mineralstoffe, akt. Neuauflage München 1996, S. 106-109)

Ausland:
- „volvic",
- „evian", Frankreich, (www.volvic.de).
- „San Pellegrino", Italien (www.sanpellegrino.de)
- "Severinquelle", Österreich.
- "Valser Mineralwasser", Schweiz (www.valserservice.ch).

ALKOHOLISCHE GETRÄNKE

- *Honigwein* (Met) aus naturreinem Bienenhonig, 13 % vol., 0,75 L, Bezugsquelle: Imkerei Schwindling-Kleser, Unterdorfstr. 2, D- 66679 Losheim a. See, Tel.: 06872/5547; Mail: g.schwindling@t-online.de. Bienenhonig enthält (s. GU-Kompaß, a.a.O., S. 102) 1 Mikrogramm Jod/100g

Alkoholische Getränke enthalten verschiedene Mengen natürliches Jod. Laut GU-Kompaß (a.a.O., S. 104) sind das für 100 ml *Apfelwein* 40 Mikrogramm Jod, für 100 ml *Rotwein* 70 Mikrogramm Jod, für 100 ml *Weißwein* (lieblich) 35 Mikrogramm Jod, für 100 ml *Sekt* 50 Mikrogramm Jod, und für 100 ml *Bier* (verschiedene Sorten z.B. Bockbier, Export und Pils hell, Weizenbier hefehaltig) 1 Mikrogramm Jod.

IV. ADRESSTEIL

**REGIONALE
EINZELBEZUGSADRESSEN
AUF EINEN BLICK**

**BEZUGSQUELLEN FÜR
UNJODIERTE BROT- & BACKWAREN**

D – 56291 Pfalzfeld/Hunsrück
Bäckermeister Michael Müller, Pfalzfelder
Landbäckerei, Hausbayerstr. 8,
Tel.: 06746/9301, Fax: 06746/9302,
Mail: steinofenbaeckerei@gmx.de,
www.natursauerteig.com. Bio-
Verarbeitungsbetrieb mit großer
Brotauswahl und vielen Spezialitäten
und mit Versand. Wichtig: Immer
nachfragen, bei welchen Produkten
Milch, Käse, Eier und fertige Back-
mischungen verarbeitet worden sind!

D – 55232 Alzey
Wochenmarkt am Samstag von 7:00 Uhr
bis 13:00 Uhr, Pfalzfelder Landbäckerei,
www.natursauerteig.com

D – 67098 Bad Dürkheim
Wochenmarkt am Samstag von 7:00 Uhr
bis 13:00 Uhr, Pfalzfelder Landbäckerei,
www.natursauerteig.com

D – 53175 Bad Godesberg
Wochenmarkt, Pfalzfelder Landbäckerei,
www.natursauerteig.com

D – 65307 Bad Schwalbach
Wochenmarkt von 7:00 Uhr bis 13:00 Uhr,
Pfalzfelder Landbäckerei,
www.natursauerteig.com

D – 55543 Bad Kreuznach
Wochenmarkt am Dienstag und Freitag
von 7:00 Uhr bis 13:00 Uhr, Pfalzfelder
Landbäckerei, www.natursauerteig.com

D – 65474 Bischofsheim (b. Rüsselsheim)
Wochenmarkt am Donnerstag von 7:00 Uhr
bis 13:00 Uhr, Pfalzfelder Landbäckerei,
www.natursauerteig.com

D – 56154 Boppard
Wochenmarkt am Freitag von 7:00 Uhr bis
13.00 Uhr, Pfalzfelder Landbäckerei, www.
natursauerteig.com

D – 56281 Emmelshausen
Wochenmarkt am Donnerstag von 7:00 Uhr
bis 13:00 Uhr, Pfalzfelder Landbäckerei,
www.natursauerteig.com

D – 65343 Eltville
Wochenmarkt am Donnerstag von 7:00 Uhr
bis 13:00 Uhr, Pfalzfelder Landbäckerei,
www.natursauerteig.com

D – 60316 Frankfurt/Main
Wochenmarkt am Freitag von 7:00 Uhr bis
13:00 Uhr, Pfalzfelder Landbäckerei, www.
natursauerteig.com

D – 67227 Frankenthal (Pfalz)
Wochenmarkt am Dienstag und Freitag
von 7:00 Uhr bis 13:00 Uhr, Pfalzfelder
Landbäckerei, www.natursauerteig.com

D – 67269 Grünstadt
Wochenmarkt am Samstag von 7:00 Uhr bis
13:00 Uhr, Pfalzfelder Landbäckerei, www.
natursauerteig.com

D – 55218 Ingelheim am Rhein
Wochenmarkt am Samstag von 7:00 Uhr bis
13:00 Uhr, Pfalzfelder Landbäckerei, www.
natursauerteig.com

D – 56068 Koblenz
Wochenmarkt am Dienstag und Donnerstag

von 7:00 Uhr bis 13:00 Uhr, Pfalzfelder
Landbäckerei,
www.natursauerteig.com

D - 54329 Konz
Wochenmarkt am Samstag von 7:00 Uhr bis
13:00 Uhr, Pfalzfelder Landbäckerei, www.
natursauerteig.com

D - 65830 Kriftel
Wochenmarkt am Samstag von 7:00 Uhr bis
13:00 Uhr, Pfalzfelder Landbäckerei, www.
natursauerteig.com.

D - 63225 Langen (Hessen)
Wochenmarkt am Samstag von 7:00 Uhr bis
13:00 Uhr, Pfalzfelder Landbäckerei, www.
natursauerteig.com

D - 55116 Mainz
Wochenmarkt am Dienstag, Mittwoch,
Donnerstag und Freitag von 7:00 Uhr bis
13:00 Uhr, Pfalzfelder Landbäckerei, www.
natursauerteig.com

D - 56410 Montabaur
Wochenmarkt am Donnerstag und Samstag
von 7:00 Uhr bis 13:00 Uhr, Pfalzfelder
Landbäckerei,
www.natursauerteig.com

D - 55268 Nieder Olm
Wochenmarkt am Samstag von 7:00 Uhr bis
13:00 Uhr, Pfalzfelder Landbäckerei, www.
natursauerteig.com.

D - 67822 Niederhausen
Wochenmarkt am Freitag von 7:00 Uhr bis
13:00 Uhr, Pfalzfelder Landbäckerei, www.
natursauerteig.com

D - 16949 Putlitz
Brot- und Feinbäckerei Emil Thätner, Inh. D.
Gramentz, Karl-Marx-Str. 6,
Tel.: 033981/ 80315

D - 65428 Rüsselsheim
Wochenmarkt am Dienstag, Pfalzfelder
Landbäckerei, www.natursauerteig.com

D - 55469 Simmern (Hunsrück)
Wochenmarkt am Donnerstag von 7:00 Uhr
bis 13:00 Uhr, Pfalzfelder Landbäckerei,
www.natursauerteig.com

D - 65232 Taunusstein Hahn
Wochenmarkt am Donnerstag von 7:00 Uhr
bis 13:00 Uhr, Pfalzfelder Landbäckerei,
www.natursauerteig.com

D - 54290 Trier
Pfalzfelder Landbäckerei,
Wochenmarkt Viehmarkt Dienstag und
Freitag von 7:00 Uhr bis 13:00 Uhr,
www.natursauerteig.com

D - 65396 Walluf
Wochenmarkt von 7.00 Uhr bis 13:00 Uhr,
Pfalzfelder Landbäckerei,
www.natursauerteig.com

D - 65189 Wiesbaden
Wochenmarkt von 7:00 Uhr bis 13:00 Uhr,
Pfalzfelder Landbäckerei,
www.natursauerteig.com

D - 83646 Bad Tölz
Bäckerei-Konditorei Andreas Wiedemann,
Klammergasse 6, Tel.: 08041/2948;
Vorkassenzone Tengelmann,
Albert-Schäffenacker-Str. 3,
83646 Bad Tölz, Tel.: 08041/7933508,
www.a-wiedemann.de . Es wird nur
unjodiertes Salz verwendet. 70% aller
Backwaren werden ohne Backmischungen
hergestellt. Fragen Sie nach diesen
Produkten.

Tip: Fragen Sie Ihren Bäcker vor Ort, welches
Salz er benutzt und ob er – die meist
vorjodierten - Backmischungen verarbeitet.
Es lohnt sich in jedem Falle. Denn viele
Bäcker verwenden   inzwischen wieder
normales Salz ohne Jod, weil sie durch die

Jodierung ihrer Backwaren viele Kunden verloren hatten. Und andere Bäcker, die noch jodieren, lassen sich gerne darüber informieren, warum sie - infolge ihrer jodierten Backwaren – so viele Kunden verloren haben.

BEZUGSQUELLEN FÜR UNJODIERTE BUTTER

Ausland: -
IE – Irland
irische Butter ist als „kerrygold-Butter" in den meisten Supermärkten und Lebensmittelketten zu bekommen, und als z.B. „Irische Butter" in verschiedenen Diskountmärkten.

BEZUGSQUELLEN FÜR EIER

D – 59821 Arnsberg
Bioland-Hof ReinhardDroste. Beilstr. 2, Tel./Fax: 02935/966534.

D – 58708 Menden
Bauer Hans Korte, Dentern 44,
Tel.: 02373/12811, Fax: 02373/389482,
www.bauer-korte.de,
Mail: info@bauer-korte.de,
Bauernladen mit Fleisch- und Wurstwaren aus garantiert unjodierter Fütterung: Schweinefleisch, verschiedene Wurstsorten, Schinken, Eier (von Reinhard Droste, Bioland-Hof, Beilstr. 2, D-59821 Arnsberg,
Tel./Fax: 02935/966534)

D – 66706 Perl-Nennig (Saar)
Marktstand vom Hofgut Serrig, Donnerstag von 7:00 Uhr bis 13:00 Uhr.

D – 82404 Sindelsdorf
Christa und Manfred Schlögel, Seeleitenhof, Auf der Seeleite 2, Tel.: 08856/5723, www.seeleitenhof.de

D - 54290 Trier
Hofgut Serrig, www.hofgut-serrig.de,
Wochenmarkt Viehmarkt, Dienstag und Freitag von 7:00 Uhr bis 13:00 Uhr

BEZUGSQUELLEN FÜR GEFLÜGEL

D – 66706 Perl-Nennig (Saar)
Marktstand vom Hofgut Serrig, Donnerstag von 7:00 Uhr bis 13:00 Uhr.

D – 83083 Riedering
Christine Gasteiger,
Demeter-Bauernhof, Tinning 5,
Tel.: 08036/575, Fax: 08036/3814,
Mail: info@anderlhof-tinning.de,
www.anderlhof-tinning.de.
Produkte werden auch versendet.

D – 54455 Serrig
Hofgut Laden, www.serrigerland.de.

D- 54290 Trier
Hofgut Serrig, www.hofgut-serrig.de,
Wochenmarkt Viehmarkt, Dienstag und Freitag von 7:00 Uhr bis 13:00 Uhr

D – 54457 Wincheringen
Marktstand von Hofgut-Serrig, Donnerstag von 7:00 Uhr bis 13:00 Uhr.

BEZUGSQUELLEN FÜR FEINE GEWÜRZE

D – 45549 Sprockhövel
„Terre de Provence",
Inh: Christophe Collin, Querspange 32,
Tel.: 02339/819528, Fax: 02339/819529,
Mail: salut@terre-de-provence.de
www.terre-de-provence.de

D – 54290 Trier
„ Zwiebel Naturkost", Jüdemerstr. 15, Tel.: 0651/41314; Fax: 0651/41323

BEZUGSQUELLEN FÜR HONIG

CH – 8001 Zürich
Oliviers&CO., Limmatquai 36, Miel de Provence von J.P. Berger + B. Stocker Berger, Pourtalette, F-84220 Cabrières dÀvignon, CH - 5400 Baden – www.mieldeprovence.ch

D – 45549 Sprockhövel
„Terre de Provence",
Inh: Christophe Collin, Querspange 32,
Tel.: 02339/819528, Fax: 02339/819529,
Mail: salut@terre-de-provence.de
www.terre-de-provence.de

D – 54290 Trier
„ Zwiebel Naturkost", Jüdemerstr. 15,
Tel.: 0651/41314; Fax: 0651/41323

BEZUGSQUELLEN FÜR FLEISCH /WURST /SCHINKEN

D – 84539 Ampfing
Gerhard u. Christine Schweiger,
Unterneuling 1, Tel.: 08636/690423,
Fax: 08636/698782,
Mail: Gerhard-Schweiger@web.de.

D – 82467 Garmisch-Partenkirchen
original italienische Wurst- und Schinkensorten, Angela Cavaleri, Von-Brug-Str. 12, Tel.: 08821/912712;
Fax: 08821/909782,
Mail: info@angela-cavaleri.de,
www.angela-cavaleri.de

D – 34119 Kassel
Wellness Fleischerei Jachnik,
Friedrich-Ebert-Str. 174,
Tel.: 0561/35186, Fax: 0561/316971,
www.Wellness-Fleischerei-Jachnik.com.

D – 58708 Menden
Bauer Hans Korte, Dentern 44,
Tel.: 02373/12811, Fax: 02373/389482,
www.bauer-korte.de, Mail: info@bauer-korte.de, Bauernladen mit Fleisch- und Wurstwaren aus garantiert unjodierter Fütterung: Schweinefleisch, verschiedene Wurstsorten, Schinken, Eier (von Reinhard Droste, Bioland-Hof, Beilstr. 2, D-59821 Arnsberg,
Tel.+Fax: 02935/966534)

D – 80331 München
Viktualienmarkt, geöffnet von Montag – Freitag von 8:00 Uhr bis 18:00 Uhr; Samstag von 7:30 Uhr bis 16:00 Uhr: Südtiroler Wurst- und Schinken.

D – 66706 Perl-Nennig (Saar)
Marktstand vom Hofgut Serrig, Donnerstag von 7:00 Uhr bis 13:00 Uhr.

D – 83083 Riedering
Christine Gasteiger,
Demeter-Bauernhof, Tinning 5,
Tel.: 08036/575, Fax: 08036/3814,
Mail: info@anderlhof-tinning.de,
www.anderlhof-tinning.de . Produkte werden auch versendet.

D – 54455 Serrig
Hofgut Laden, www.serrigerland.de

D – 82404 Sindelsdorf
Christa und Manfred Schlögel, Seeleitenhof, Auf der Seeleite 2,
Tel.: 08856/5723, www.seeleitenhof.de

D – 54290 Trier
Marktstand vom Hofgut Serrig (www.hofgut-serrig.de), Wochenmarkt auf dem Viehmarkt, Dienstag und Freitag von 7:00 Uhr bis 13:00 Uhr.

D – 59368 Werne-Stockum
Fleischerei Hische, Wernerstr. 76,
Tel.: 02389/2821, Fax: 02389/8081,
www.fleischerei-hische.de

D – 54457 Wincheringen
Marktstand von Hofgut-Serrig, Donnerstag

von 7:00 Uhr bis 13:00 Uhr.

**BEZUGSQUELLE
FÜR GALLOWAY-RINDFLEISCH**

D - **31632** Husum
Thorsten Hübner & Meike Block,
Hof Block, Unter den Eichen 23,
OT Schessinghausen, Tel.: 05027/610, Fax: 05027/751, Mail: hof.block@hotmail.de, www.hof-block.de.
Der Hofladen ist täglich von 8:00 Uhr bis 18:00 Uhr geöffnet.

**BEZUGSQUELLE FÜR JOGHURT
AUS 100% ZIEGENMILCH**

D - **83730** Fischbachau
Martina+Werner Haase, Bio-Bauernhof „beim Krug", Sandbichl 2+4,
Tel.: 08028/2064, Fax: 08028/909947,
www.urlaubaufdembauernhof.de

BEZUGSQUELLEN FÜR MILCH

D - **83730** Fischbachau
Martina+ Werner Haase, Bio-Bauernhof „beim Krug", Sandbichl 2+4,
Tel.: 08028/2064, Fax: 08028/909947,
www.urlaubaufdembauernhof.de.
Frischmilch von Ziege und Kuh.

D - **82404** Sindelsdorf
Christa und Manfred Schlögel, Seeleitenhof,
Auf der Seeleite 2,
Tel.: 08856/5723, www.seeleitenhof.de

BEZUGSQUELLEN FÜR KÄSE

CH - Tessin
Lebensmittel-Kontrolleure im Tessin empfehlen nach Auskunft vom 21.06.09 des Schweizer Selbsthilfevereines „Krank-durch-Jod", www.krank-durch-jod.ch, neuerdings unjodiertes Salz für die Käseherstellung.

D - **56281** Emmelshausen
Wochenmarkt am Donnerstag von 7:00 Uhr bis 13:00 Uhr, Käsestand Monika Müller aus Pfalzfeld, Hausbayerstr. 8, Tel.: 06746/9301, Fax: 06746/9302.

D - **83730** Fischbachau
Martina + Werner Haase, Bio-Bauernhof „beim Krug", Sandbichl 2+4,
Tel.: 08028/2064, Fax: 08028/909947,
www.urlaubaufdembauernhof.de. Frisch- und Schnittkäse und Feta aus 100% Ziegenmilch.

D - **82467** Garmisch-Partenkirchen
original italienische Käsesorten,
Angela Cavaleri, Von-Brug-Str. 12,
Tel.: 08821/912712; Fax: 08821/909782,
Mail: info@angela-cavaleri.de,
www.angela-cavaleri.de.

D - **54329** Konz
Saadati, Feinkost & mehr, Letzeburger Maarteverband A.S.B.L., Paul-Schneider-Str. 8, Tel.: 0651/27913, Marktstand auf dem Wochenmarkt gegenüber Rathaus.

D - **56410** Montabaur
Wochenmarkt am Samstag von 7:00 Uhr bis 13:00 Uhr, Käsestand Monika Müller aus Pfalzfeld, Hausbayerstr. 8,
Tel.: 06746/9301, Fax: 06746/9302.

D - **80331** München
italienischer Käsestand auf dem Viktualienmarkt, Öffnungszeiten von Montag – Freitag von 8:00 Uhr bis 18:00 Uhr; Samstag von 7:30 Uhr bis 16:00 Uhr.

D - **56291** Pfalzfeld/Hunsrück
Käsestand Monika Müller aus Pfalzfeld, Hausbayerstr. 8,
Tel.: 06746/9301, Fax: 06746/9302.

D – 83083 Riedering
Christine Gasteiger,
Demeter-Bauernhof, Tinning 5,
Tel.: 08036/575, Fax: 08036/3814,
Mail: info@anderlhof-tinning.de,
www.anderlhof-tinning.de.
Produkte werden auch versendet.

D – 54290 Trier
„Zwiebel Naturkost", Jüdemerstr. 15, Tel.:
0651/41314; Fax: 0651/41323.

D – 54290 Trier
Saadati, Feinkost & mehr, Letzeburger
Maarteverband A.S.B.L., Paul-Schneider-Str.
8, Tel.: 0651/27913, Marktstand auf dem
Wochenmarkt Viehmarkt am Dienstag und
Freitag von 7:00 Uhr bis 13:00 Uhr.

LU – Luxemburg Stadt
Saadati, Feinkost & mehr, Letzeburger
Maarteverband A.S.B.L., Paul-Schneider-Str.
8, Tel.: 0651/27913, Marktstand auf dem
Wochenmarkt Kundlerplatz.

BEZUGSQUELLEN FÜR KARTOFFELN (AUCH BIOPRODUKTE), OBST, GEMÜSE UND KRÄUTER ETC.

D – 54329 Konz (bei Trier)
Bauer Mathias Bösen aus Lorich, 14,
54309 Nevel, Handy: 0174/2099311, Mail:
m.boesen@web.de
www.loricherbauer.de
Wochenmarkt Rathausplatz, Samstag 8:00
Uhr bis 12:00 Uhr.
Spezialität: Champignons aus eigenem
Anbau. Lieferant der Universität Trier!
Wichtig: Fragen Sie nach Produkten aus
eigener Produktion oder Ausland!

D – 80331 München
Viktualienmarkt.
Öffnungszeiten von Montag – Freitag von
8:00 Uhr bis 18:00 Uhr;
Samstag von 7:30 Uhr bis 16:00 Uhr.

D – 54290 Trier
„Zwiebel Naturkost", Jüdemerstr. 15, Tel.:
0651/41314; Fax: 0651/41323. Wichtig:
fragen Sie bei Milchprodukten, Obst- und
Gemüse nach Produkten aus dem Ausland.
Deutsches Bio-Baumobst wurde bis jetzt
auch von Jodallergikern vertragen.

D – 54290 Trier
Bauer Mathias Bösen aus Lorich,
Wochenmarkt Viehmarkt am Dienstag
und Freitag von 7:00 bis 13:00 Uhr. Mail:
m.boesen@web.de,
www.loricherbauer.de. Wichtig: Fragen Sie
nach Produkten aus eigener Produktion
oder Ausland!

BEZUGSQUELLEN FÜR OLIVEN / OLIVENÖL / FEINKOST

CH – 8001 Zürich
„OLIVIERS&CO.", Limmatquai 36,
Tel.: 043/2436686; Fax: 043/2436687, Mail:
oliviers.co@worldcom.ch,
www.oliviers-co.com

D – 45549 Sprockhövel
„Terre de Provence",
Inh: Christophe Collin, Querspange 32,
Tel.: 02339/819528, Fax: 02339/819529,
Mail: salut@terre-de-provence.de
www.terre-de-provence.de

D – 54329 Konz
Saadati, Feinkost & mehr, Letzeburger
Maarteverband A.S.B.L., Paul-Schneider-Str.
8, Tel.: 0651/27913, Marktstand auf dem
Wochenmarkt gegenüber Rathaus.

D – 54290 Trier
„Zwiebel Naturkost", Jüdemerstr. 15, Tel.:
0651/41314; Fax: 0651/41323.

D – 54290 Trier
Saadati, Feinkost & mehr, Letzeburger
Maarteverband A.S.B.L., Paul-Schneider-Str.

8, Tel.: 0651/27913, Marktstand auf dem Wochenmarkt Viehmarkt am Dienstag und Freitag von 7:00 Uhr bis 13:00 Uhr.

LU – Luxemburg Stadt
Saadati, Feinkost & mehr, Letzeburger Maarteverband A.S.B.L., Paul-Schneider-Str. 8, Tel.: 0651/27913, Marktstand auf dem Wochenmarkt Kundlerplatz.

**BEZUGSQUELLEN
FÜR SCHWARZEN PFEFFER**

Marken „Sonnentor" – Bioläden

D – 54290 Trier
„Zwiebel Naturkost", Jüdemerstr. 15, Tel.: 0651/41314; Fax: 0651/41323.

Marken: Fuchs, Ostmann – alle Supermärkte und Lebensmittelketten

**BEZUGSQUELLEN
FÜR UNJODIERTES SALZ**

D –
„Krügersalz" ist reines Meersalz, enthält also natürliche Jodmengen – www.kruegersalz.de

„safrisalz" – in verschiedenen Lebensmittel-Ketten.

„salt sticks", gepackt für HELLMA Gastronomie Service GmbH, D-90425 Nürnberg, im Großhandel für Wiederverkäufer zu beziehen.

„Silver Crystal Gourmet Salz" ist reines, naturbelassenes Salz aus einem Salzsee in der Kalahari Wüste in Afrika
– www.silvercrystal.de

D – 45549 Sprockhövel
„Terre de Provence",

Inh: Christophe Collin, Querspange 32, Tel.: 02339/819528, Fax: 02339/819529, Mail: salut@terre-de-provence.de
www.terre-de-provence.de

A –
„salt sticks", gepackt für HELLMA Austria, A-1220 Wien.

„Original nat(UR)salz" von Roswitha Böhm, Naturprodukte GmbH, Regensburger Str. 9, A-4020 Linz, Tel.: 043 (0)732/770344, www.natursalz.at

A /D –
„Natursalz unjodiert", Tucek GmbH, A-5360 St. Wolfgang, www.salzkontor.at. Natursalzgeschäfte der F. Tucek sind in Österreich in St. Wolfgang und Hallstatt, und in Deutschland in Bad Reichenhall.

PT –
„Quellsalz aus Portugal", zu beziehen bei: MS-Naturprodukte, Michael Schumacher, Egelseestr. 25, D-86926 Greifenberg,
 www.ms-naturprodukte.de

BEZUGSQUELLEN FÜR TEE

D – 54290 Trier
„Zwiebel Naturkost", Jüdemerstr. 15, Tel.: 0651/41314; Fax: 0651/41323.

D – 80331 München
Teestand auf dem Viktualienmarkt, Abt. III, Stand 35-36, Öffnungszeiten: Montag – Freitag von 8:00 Uhr bis 18:00 Uhr; Samstag von 7:30 Uhr bis 16:00 Uhr, Mail: team@teaflower.de, www.teaflower.de.

D –
Tee Gschwendner -
www.teegschwendner.de;

Teekampagne Berlin-
www.teekampagne.de

BEZUGSQUELLEN FÜR WILD

Forstamt Trier-Saarburg stellt – nach meinem Wissensstand - aus Rücksicht auf Menschen, die das künstliche Jod nicht vertragen, ausschließlich weiße Salzlecksteine im Wald auf.

D – 54295 Trier
Werwie`s Wild und Feinkost, Wisportstr. 4,
Tel.: 0651/32432, Fax: 0651/309290,
info@werwies-wild.de,
www.werwies-wild.de

CAFÉS

Die im folgenden genannten Cafés und Restaurants verwenden kein jodiertes Speisesalz, so daß die Atemluft auch für Jodempfindliche vertragen wird. Bei der Auswahl der Kuchen und Gerichte kann es sogar möglich sein, Produkte zu bekommen, in denen durch Vermeidung tierischer Zutaten keine künstlichen Jodzusätze enthalten sind. Bitte fragen Sie nach der Zusammensetzung der Kuchen, des Gebäckes und der Speisen.

D – 54470 Bernkastel-Kues
Café Hansen, Konditorei-Confiserie, Markt 26, Tel.: 06531/2215, Fax: 06531/8667, Mail: info@cafehansen.de,
www.cafehansen.de

D – 54290 Trier
Café Raab, Karl-Marx-Str. 14,
Tel.: 0651/74186, Fax: 0651/40745, Mail: ConfiserieRaab@aol.com,
www.confiserie-raab-trier.de

D – 54290 Trier
Café – Restaurant Zur Steipe,
„Rotes Haus", Hauptmarkt 14,
Tel.: 0651/1455456.

RESTAURANTS

D – 82327 Tutzing
Déjà-Vu, Bio-Restaurant in Tutzing, TSV-Turnhalle in der Greinwaldstraße 8. Anfragen & Tischreservierungen unter: 08158/922000. Öffnungszeiten: Mo. bis Fr. von 11.30 Uhr bis 14:30 Uhr, 18:00 Uhr bis 22:00 Uhr; Sa. und So. von 9:30 Uhr bis 14:00 Uhr, von 18:00 Uhr bis 22:00 Uhr.
Déjà-Vu bietet handgemachte Nudeln, selbst gebackenes Brot, selbst zubereitete Gemüse- Fleisch- und Fischgerichte, frisch gepreßte Obst-, Gemüsesäfte, Bio-Wein.

D – 54290 Trier
Café – Restaurant Zur Steipe,
„Rotes Haus", Hauptmarkt 14,
Tel.: 0651/1455456.

IV. ALPHABETISCHES ORTSREGISTER

A - ÖSTERREICH

A - 4020 Linz
„Original nat(UR)salz" von Roswitha Böhm, Naturprodukte GmbH, Regensburger Str. 9, Tel.: 043/(0)732/770344, www.natursalz.at

A - 1220 Wien
„salt sticks", gepackt für HELLMA Austria.

A/D - A - 5360 St. Wolfgang
„Natursalz unjodiert", Tucek GmbH, www.salzkontor.at. Natursalzgeschäfte der F. Tucek sind in Österreich in St. Wolfgang und Hallstatt, und in Deutschland in Bad Reichenhall.

CH - SCHWEIZ

CH - 5400 Baden
Honig: Miel de Provence von J.P. Berger + B. Stocker Berger, Pourtalette, F-84220 Cabrières d'Avignon, www.mieldeprovence.ch. Zu beziehen auch bei: CH - 8001 Zürich, Oliviers&CO., Limmatquai 36.

CH - Tessin
Lebensmittel-Kontrolleure im Tessin empfehlen nach Auskunft vom 21.06.09 des Schweizer Selbsthilfevereines „Krank-durch-Jod", www.krank-durch-jod.ch, neuerdings unjodiertes Salz für die Käseherstellung.

CH - 8001 Zürich
„OLIVIERS&CO.", Limmatquai 36, Tel.: 043/243 66 86; Fax: 043/243 66 87, Mail: oliviers.co@worldcom.ch, www.oliviers-co.com.

D - DEUTSCHLAND

D - 84539 Ampfing
Gerhard u. Christine Schweiger, Unterneuling 1,
Tel.: 08636/690423, Fax: 08636/698782,
Mail: Gerhard-Schweiger@web.de

D - 55232 Alzey
Wochenmarkt am Samstag von 7:00 Uhr bis 13:00 Uhr, Pfalzfelder Landbäckerei, www.natursauerteig.com.

D - 59821 Arnsberg
Bioland-Hof ReinhardDroste. Beilstr. 2, Tel. + Fax: 02935/966534

D - 67098 Bad Dürkheim
Wochenmarkt am Samstag von 7:00 Uhr bis 13:00 Uhr, Pfalzfelder Landbäckerei, www.natursauerteig.com

D - 53175 Bad Godesberg
Wochenmarkt, Pfalzfelder Landbäckerei, www.natursauerteig.com

D - 55543 Bad Kreuznach
Wochenmarkt am Dienstag und Freitag von 7:00 Uhr bis 13:00 Uhr, Pfalzfelder Landbäckerei, www.natursauerteig.com

D - 65307 Bad Schwalbach
Wochenmarkt von 7:00 Uhr bis 13:00 Uhr, Pfalzfelder Landbäckerei, www.natursauerteig.com

D - 83646 Bad Tölz
Bäckerei-Konditorei Andreas Wiedemann,

Klammergasse 6,
Tel.: 08041/2948;
Vorkassenzone Tengelmann, Albert-Schäffenacker-Str. 3, Tel.: 08041/7933508,
www.a-wiedemann.de.
Es wird nur unjodiertes Salz verwendet.
70% aller Backwaren werden ohne Backmischungen hergestellt.
Fragen Sie nach diesen Produkten.

D – 54470 Bernkastel-Kues
Café Hansen, Konditorei-Confiserie, Markt 26, Tel.: 06531/2215,
Fax: 06531/8667,
Mail: info@cafehansen.de,
www.cafehansen.de. Hier wird nur unjodiertes Salz verwendet. Für Produkte mit deutscher Butter, Milch, Sahne, Quark, Eiern etc. bitte an die Vorjodierung über das Futter denken!

D – 10117 Berlin
Galeries Lafayette, französisches Kaufhaus mit vielen original französischen Lebensmitteln, auch Milchprodukte! in der Lebensmittelabteilung! Französische Straße 23, Tel.: 030/209480,
www.galeries-lafayette.de

D – Berlin
polnische Milch in Polenläden

D – 65474 Bischofsheim
(b. Rüsselsheim) – Wochenmarkt am Donnerstag von 7:00 Uhr bis 13:00 Uhr, Pfalzfelder Landbäckerei,
www.natursauerteig.com

D – 56154 Boppard
Wochenmarkt am Freitag von 7:00 Uhr bis 13:00 Uhr, Pfalzfelder Landbäckerei,
www.natursauerteig.com

D – 27570 Bremerhaven
polnische Milch in Polenläden

D – 56281 Emmelshausen
Wochenmarkt am Donnerstag von 7:00 Uhr bis 13:00 Uhr, Pfalzfelder Landbäckerei,
www.natursauerteig.com

D – 56281 Emmelshausen
Wochenmarkt am Donnerstag von 7:00 Uhr bis 13:00 Uhr, Käsestand Monika Müller aus Pfalzfeld, Hausbayerstr. 8, Tel.: 06746/9301, Fax: 06746/9302.

D – 65343 Eltville
Wochenmarkt am Donnerstag von 7:00 Uhr bis 13:00 Uhr, Pfalzfelder Landbäckerei,
www.natursauerteig.com

D – 83730 Fischbachau
Martina+ Werner Haase, Bio-Bauernhof „beim Krug", Sandbichl 2+4,
Tel.: 08028/2064, Fax: 08028/909947,
www.urlaubaufdembauernhof.de
Frischmilch von Ziege und Kuh. Joghurt, Frisch- und Schnittkäse und Feta aus 100% Ziegenmilch.

D – 67227 Frankenthal (Pfalz)
Wochenmarkt am Dienstag und Freitag von 7:00 Uhr bis 13:00 Uhr, Pfalzfelder Landbäckerei, www.natursauerteig.com

D – 60316 Frankfurt/Main
Wochenmarkt am Freitag von 7:00 Uhr bis 13:00 Uhr, Pfalzfelder Landbäckerei,
www.natursauerteig.com

D – 82467 Garmisch-Partenkirchen
original italienische Käsesorten,
Angela Cavaleri, Von-Brug-Str. 12,
Tel.: 08821/912712; Fax: 08821/909782,
Mail: info@angela-cavaleri.de,
www.angela-cavaleri.de

D – 86926 Greifenberg
„Quellsalz aus Portugal", zu beziehen bei:
MS-Naturprodukte, Michael Schumacher, Egelseestrasse. 25,
www.ms-naturprodukte.de

D - 67269 Grünstadt
Wochenmarkt am Samstag von 7:00 Uhr bis
13:00 Uhr, Pfalzfelder Landbäckerei,
www.natursauerteig.com

D - 31632 Husum
Thorsten Hübner & Meike Block, Hof Block,
Unter den Eichen 23, OT Schessinghausen,
Tel.: 05027/610, Fax: 05027/751,
Mail: hof.block@hotmail.de,
www.hof-block.de. Der Hofladen ist täglich
von 8:00 Uhr bis 18:00 Uhr geöffnet.

D - 55218 Ingelheim am Rhein
Wochenmarkt am Samstag von 7:00 Uhr bis
13:00 Uhr, Pfalzfelder Landbäckerei,
www.natursauerteig.com

D - 34119 Kassel
Wellness Fleischerei Jachnik,
Friedrich-Ebert-Str. 174,
Tel.: 0561/35186, Fax: 0561/316971,
www.wellness-fleischerei-jachnik.com

D - 56068 Koblenz
Wochenmarkt am Dienstag und Donnerstag
von 7:00 Uhr bis 13:00 Uhr, Pfalzfelder
Landbäckerei, www.natursauerteig.com

D - 54329 Konz (bei Trier)
Bauer Mathias Bösen Lorich 14, 54309
Nevel, Handy: 0174/2099311,
Mail: m.boesen@web.de,
www.loricherbauer.de. Wochenmarkt
Rathausplatz, Samstag 8:00 Uhr bis 12:00
Uhr. Spezialität: Champignons aus eigenem
Anbau. Lieferant der Universität Trier!
Wichtig: Fragen Sie nach Produkten aus
eigener Produktion oder Ausland!

D - 54329 Konz (bei Trier)
Pfalzfelder Landbäckerei, Wochenmarkt am
Samstag von 7:00 Uhr bis 13:00 Uhr, www.
natursauerteig.com

D - 54329 Konz (bei Trier)
Saadati, Feinkost & mehr, Letzeburger
Maarteverband A.S.B.L., Paul-Schneider-Str.
8, Tel.: 0651/27913, Marktstand auf dem
Wochenmarkt gegenüber dem Rathaus.

D - 65830 Kriftel
Wochenmarkt am Samstag von 7:00 Uhr bis
13:00 Uhr, Pfalzfelder Landbäckerei,
www.natursauerteig.com

D - 63225 Langen (Hessen)
Wochenmarkt am Samstag von 7:00 Uhr bis
13:00 Uhr, Pfalzfelder Landbäckerei,
www.natursauerteig.com

D - 66679 Losheim
Imkerei Schwindling-Kleser, Unterdorfstr. 2,.
Hier erhalten Sie aus eigener Produktion
u.a. verschiedene Honigsorten, Met,
Bärenfang, Blütenpollen, Propolis-Salbe und
Propolis-Tinktur.

D - 55116 Mainz
Wochenmarkt am Dienstag, Mittwoch,
Donnerstag und Freitag von 7:00 Uhr bis
13:00 Uhr, Pfalzfelder Landbäckerei,
www.natursauerteig.com

D - 58708 Menden
Bauer Hans Korte, Dentern 44,
Tel.: 02373/12811, Fax: 02373/389482,
www.bauer-korte.de, Mail:
info@bauer-korte.de, Bauernladen mit
Fleisch- und Wurstwaren aus garantiert
unjodierter Fütterung: Schweinefleisch,
verschiedene Wurstsorten, Schinken, Eier
(von Reinhard Droste, Bioland-Hof, Beilstr.
2, D-59821 Arnsberg, Tel./Fax: 02935/966534)

D - 56410 Montabaur
Wochenmarkt am Donnerstag und Samstag
von 7:00 Uhr bis 13:00 Uhr, Pfalzfelder
Landbäckerei, www.natursauerteig.com

D - 56410 Montabaur
Wochenmarkt am Samstag von 7:00 Uhr bis
13:00 Uhr, Käsestand Monika Müller aus
Pfalzfeld, Hausbayerstr. 8,

Tel.: 06746/9301, Fax: 06746/9302.

D – 80331 München
Viktualienmarkt, Südtiroler Wurst- und Schinken. Öffnungszeiten von Montag – Freitag von 8:00 Uhr bis 18:00 Uhr; Samstag von 7:30 Uhr bis 16:00 Uhr:

D - 80331 München
italienischer Käsestand auf dem Viktualienmarkt, Öffnungszeiten von Montag – Freitag von 8:00 bis 18:00 Uhr; Samstag von 7:30 Uhr bis 16:00 Uhr.

D – 80331 München
Teestand auf dem Viktualienmarkt, Abt. III, Stand 35-36, Öffnungszeiten von Montag – Freitag von 8:00 Uhr bis 18:00 Uhr; Samstag von 7:30 Uhr bis 16:00 Uhr, Mail: team@teaflower.de, www.Teaflower.de

D – 67822 Niederhausen
Wochenmarkt am Freitag von 7:00 Uhr bis 13:00 Uhr, Pfalzfelder Landbäckerei, www.natursauerteig.com

D – 55268 Nieder Olm
Wochenmarkt am Samstag von 7:00 Uhr bis 13:00 Uhr, Pfalzfelder Landbäckerei, www.natursauerteig.com

D - 90425 Nürnberg
„salt sticks", gepackt für HELLMA Gastronomie Service GmbH, im Großhandel für Wiederverkäufer zu beziehen.

D – 66706 Perl-Nennig (Saar)
Marktstand vom Hofgut Serrig, Donnerstag von 7:00 Uhr bis 13:00 Uhr.

D – 56291 Pfalzfeld/Hunsrück
Bäckermeister Michael Müller, Pfalzfelder Landbäckerei, Hausbayerstr. 8, Tel.: 06746/9301, Fax: 06746/9302, Mail: steinofenbaeckerei@gmx.de, www.natursauerteig.com
Bio-Verarbeitungsbetrieb mit großer Brotauswahl und vielen Spezialitäten und mit Versand. Wichtig: Immer nachfragen, bei welchen Produkten Milch, Käse, Eier und eventuell fertige Backmischungen verarbeitet worden sind!

D – 56291 Pfalzfeld/Hunsrück
Käsestand Monika Müller aus Pfalzfeld, Hausbayerstr. 8, Tel.: 06746/9301, Fax: 06746/9302.

D – 16949 Putlitz
Brot- und Feinbäckerei Emil Thätner, Inh. D. Gramentz, Karl-Marx-Str. 6, Tel.: 033981/ 80315

D – 83083 Riedering
Christine Gasteiger, Demeter-Bauernhof, Tinning 5, Tel.: 08036/575, Fax: 08036/3814, Mail: info@anderlhof-tinning.de, www.anderlhof-tinning.de. Produkte werden auch versendet.

D – 65428 Rüsselsheim
Wochenmarkt am Dienstag, Pfalzfelder Landbäckerei, www.natursauerteig.com

D – 54455 Serrig
Hofgut Laden, www.serrigerland.de

D – 55469 Simmern (Hunsrück)
Wochenmarkt am Donnerstag von 7:00 Uhr bis 13:00 Uhr, Pfalzfelder Landbäckerei, www.natursauerteig.com

D – 82404 Sindelsdorf
Christa und Manfred Schlögel, Seeleitenhof, Auf der Seeleite 2, Tel.: 08856/5723, www.seeleitenhof.de.
Hier bekommen Sie unjodierte Milch, Eier, Fleisch und Wurst.

D – 45549 Sprockhövel
„Terre de Provence",
Inh: Christophe Collin, Querspange 32, Tel.: 02339/819528, Fax: 02339/819529, Mail: salut@terre-de-provence.de,

www.terre-de-provence.de

D – 65232 Taunusstein Hahn
Wochenmarkt am Donnerstag von 7:00 Uhr bis 13:00 Uhr, Pfalzfelder Landbäckerei, www.natursauerteig.com

D – 82327 Tutzing
Déjà Vu, Bio-Restaurant in Tutzing, TSV-Turnhalle in der Greinwaldstraße 8. Anfragen und Tischreservierungen unter: 08158/922000.

D – 54290 Trier
Café Raab, Konditorei-Confiserie, Karl-Marx-Str. 14, Tel.: 0651/74186, Fax: 0651/40745, Mail: ConfiserieRaab@aol.com, www.confiserie-raab-trier.de. Hier wird nur unjodiertes Salz verwendet. Für Produkte mit deutscher Butter, Milch, Sahne, Quark, Eiern etc. bitte an die Vorjodierung über das Futter denken!

D – 54290 Trier
Café – Restaurant Zur Steipe, „Rotes Haus", Hauptmarkt 14, Tel.: 0651/1455456. Hier wird nur unjodiertes Salz verwendet. Für Produkte mit deutscher Butter, Milch, Sahne, Quark, Eiern etc. bitte an die Vorjodierung über das Futter denken!

D – 54290 Trier
Bauer Mathias Bösen, Lorich 14, 54309 Nevel, Handy: 0174/2099311, Mail: m.boesen@web.de, www.loricherbauer.de. Wochenmarkt Viehmarkt am Dienstag und Freitag von 7:00 bis 13:00 Uhr. Spezialität: Champignons aus eigenem Anbau. Lieferant der Universität Trier! Wichtig: Fragen Sie nach Produkten aus eigener Produktion oder Ausland!

D – 54290 Trier
Eier, Fleisch- und Wurstwaren, Wochenmarkt auf dem Viehmarkt, Dienstag und Freitag von 7:00 Uhr bis 13:00 Uhr.

Marktstand vom Hofgut Serrig
www.hofgut-serrig.de
Hier erhalten Sie Fleisch, Schinken- und Wurstwaren von garantiert unjodierten Tieren, sowie Geflügel und Eier. Außerdem Kartoffeln, Obst und Gemüse der Saison, Honig und Obstliköre.

D – 54290 Trier
Pfalzfelder Landbäckerei, www.natursauerteig.com, Wochenmarkt Viehmarkt Dienstag und Freitag von 7:00 Uhr bis 13:00 Uhr

D – 54290 Trier
Saadati, Feinkost & mehr, Letzeburger Maarteverband A.S.B.L., Paul-Schneider-Str. 8, Tel.: 0651/27913, Marktstand auf dem Wochenmarkt Viehmarkt am Dienstag und Freitag von 7:00 Uhr bis 13:00 Uhr. Die Oliven und andere Produkte sind in Meersalz eingelegt.

D – 54295 Trier
Werwie`s Wild und Feinkost, Wisportstraße 4, Tel.: 0651/32432, Fax: 0651/309290, Mail: info@werwies-wild.de, www.werwies-wild.de

D – 54290 Trier
„Zwiebel Naturkost", Jüdemerstr. 15, Tel.: 0651/41314; Fax: 0651/41323. Wichtig: fragen Sie bei Milchprodukten, Eiern, Obst- und Gemüse nach Produkten aus dem Ausland. Deutsches Bio-Baumobst wurde bis jetzt auch von Jodallergikern vertragen

D – 65396 Walluf
Wochenmarkt von 7:00 Uhr bis 13:00 Uhr, Pfalzfelder Landbäckerei, www.natursauerteig.com

D – 59368 Werne-Stockum
Fleischerei Hische, Wernerstr. 76, Tel.: 02389/2821, Fax: 02389/8081, www.Fleischerei-Hische.de

D - 65189 Wiesbaden
Wochenmarkt von 7:00 Uhr bis 13:00 Uhr,
Pfalzfelder Landbäckerei,
www.natursauerteig.com

D - 54457 Wincheringen
Marktstand von Hofgut-Serrig, Donnerstag
von 7:00 Uhr bis 13:00 Uhr.

D - 54516 Wittlich
„Krügersalz" ist reines Meersalz, enthält
also natürliche Jodmengen –
www.krueger-salz.de

LU - LUXEMBURG

LU – Luxemburg Stadt
Saadati, Feinkost& mehr, Letzeburger
Maarteverband A.S.B.L., Paul-Schneider-Str.
8, Tel.: 0651/27913, Marktstand auf dem
Wochenmarkt Kundlerplatz.

V. GLOSSAR

AGAR-AGAR (=E 406) - wird aus jodhaltigen Rotalgenarten gewonnen, kann als Geliermittel z.B. in Marmeladen, Konfitüren, Gelees, Süßwaren, Joghurt, Würzzubereitungen, Aufgüssen und Überzügen für Fleischerzeugnissen zugesetzt sein, wird auch als Klärmittel in der Herstellung von Obstweinen und als Trägerstoff für Aromen und Zusatzstoffe benutzt, muß deklariert werden.

ALGEN (=Alginat) - können in Lebensmitteln, aber auch in Spülmitteln enthalten sein.

ARZNEIMITTELGESETZ - Das Arzneimittelgesetz (=AMG, am 1.1.1978 in Kraft getreten, letzte Änderung 20.07.2000) ist das „Gesetz über den Verkehr mit Arzneimitteln" (s. Pschyrembel. Klinisches Wörterbuch, 259. Auf., Berlin 2002). Ein Arzneimittel ist eine Wirksubstanz, die in der Medizin zu diagnostischen, therapeutischen oder prophylaktischen Zwecken eingesetzt wird. Der Begriff „Arzneimittel" wird im sogenannten „Arzneimittelgesetz" (=AMG) vom 24.08.1976, Fassung vom 26.07.2000, definiert (s. Bierbach, a.a.O., S. 76). Bei Arzneimitteln ist der sogenannte „Abgabestatus" gesetzlich vorgeschrieben, also der Vermerk, ob ein Medikament rezeptpflichtig „Rp", eingeschränkt rezeptpflichtig „(Rp)", apothekenpflichtig „(Ap)" oder nicht apothekenpflichtig „(nAp)" ist. (s. ROTE LISTE® 1999, S. 9) Weitere gesetzlich verpflichtende Basisinformationen für Verpackungsbeilagen von Arzneimitteln sind u.a.: a) Zusammensetzung (einschließl. arzneilich nicht wirksame Stoffe), d) Gegenanzeigen, e) Anwendungsbeschränkungen, f) Schwangerschaft, g) Stillzeit, h) Nebenwirkungen, i) Wechselwirkungen, j) Überdosierung und Intoxikationen, k) Warnhinweise, l) Sonstige Hinweise zur Vermeidung von gesundheitlichen Schäden, m) Dosierungsempfehlung (Angaben s. ROTE LISTE®, a.a.O., S. 9ff.) Jod bzw. Jodid wird in seiner Funktion als prophylaktisch wirkender Stoff gezielt den Futter- und Lebensmitteln zugesetzt. Damit erfüllt jede künstliche Jodbeigabe in Jodsalz und Tierfutter und Lecksteinen laut AMG die Bedingungen eines Arzneimittels. Jod als medizinischer Wirkstoff ist apothekenpflichtig (Ap). Der sogenannte „Abgabestatus" eines apothekenpflichtigen Arzneimittels wird bei Fertigarzneimitteln (s. Rote Liste, a.a.O., S. 9) mit „Ap" ausgewiesen. Apothekenpflichtige Arzneimittel dürfen nur in Apotheken verkauft werden, Apothekenpflichtig sind z.B. Jod-Tabletten von verschiedenen Pharmafirmen (s. Rote Liste, 1999, 74 040/-041, -044–048, -052). Jod in jodhaltigen Röntgenkontrastmitteln und oralen jodhaltigen Röntgenkontrastmitteln sowie als Zusatzstoff in chemisch definierten Schilddrüsenhormonen ist verschreibungspflichtig (Rp) (s. Rote Liste, a.a.O., Präparateteil, S. 35 024 ff.). Verschreibungspflichtige Arzneimittel sind solche, die „vom Apotheker nur auf Vorlage einer schriftlichen ärztlichen Verordnung (eines Rezeptes) abgegeben" werden, „da diese Medikamente bei unkontrollierter Einnahme erfahrungsgemäß relativ häufig zu Schäden führen." (s. Bierbach, a.a.O., S. 272) „Chemisch definierte Schilddrüsenhormone" sind alle mit dem Vermerk „Rp" für „Rezept" gekennzeichnet. Im „Signaturverzeichnis" (s. ROTE LISTE ®, a.a.O., Orange, S. 143ff.) werden die „Gegenanzeigen und Anwendungsbeschränkungen, Nebenwirkungen, Wechselwirkungen und Intoxikationen" der verschiedenen Wirkstoffe schematisch dargestellt. „J 5 Jodhaltige Röntgenkontrastmittel" stehen darin auf S. 265f., „J 10

Jodverbindungen" stehen darin auf S. 266f. Jod, und zwar das auf künstlichem Wege erzeugte Kalium- bzw. Natriumjodid (s. Freese, Hans, Dr. rer.nat, Dipl. Chem.: „Jod in Lebensmitteln", in. Balance 3/2008, S. 36ff.), wird Salz (Kochsalz/Speisesalz) und Lebens- und Futtermitteln mit dem Zweck zugesetzt, daß es infolge seiner medizinischen Wirkung prophylaktisch auf die Schilddrüse wirken soll. Damit wird Jod den Grund- und Lebensmitteln gezielt als Arzneimittel zugesetzt, für das die im AMG zusammengefaßten rechtlichen Vorschriften verbindlich sind. Die prophylaktisch eingesetzten künstlichen Jodzusätze machen aus allen mit ihnen versetzten Lebens- und Futtermittel sogenannte „Fertigarzneimittel", die dem geltenden Arzneimittelgesetz (s. AMG, ROTE LISTE ® ebend. sowie Braunschweig-Pauli, Dagmar: „Basisartikel JOD", a.a.O., S. 23ff.) unterliegen. Bei sämtlichen deutschen Lebensmitteln mit künstlichen Jodzusätzen handelt es sich m.E. laut Arzneimittelgesetz also juristisch um apothekenpflichtige bzw. rezeptpflichtige Arzneimittel, für die eine Deklaration, wie sie für sogenannte „Fertigarzneimittel" in der Roten Liste (a.a.O., S. 9ff.) zwingend vorgeschrieben wird, definitiv verbindlich ist. Sämtlichen deutschen Lebensmittel, die künstliche Jodzusätze enthalten, müssen demzufolge entsprechende Packungsbeilagen beigefügt werden, auf denen die gesetzlich vorgeschriebenen Hinweise (s. oben) über Abgabestatus, Zusammensetzung (einschließl. arzneilich nicht wirksame Stoffe), verdauliche Kohlenhydrate, Anwendungsgebiete, Gegenanzeigen, Anwendungsbeschränkungen, Schwangerschaft, Stillzeit, Nebenwirkungen, Wechselwirkungen, Überdosierung und Intoxikationen, Warnhinweise, Sonstige Hinweise zur Vermeidung von gesundheitlichen Schäden, Dosierungsempfehlungen (Angaben lt. Rote Liste, a.a.O., S. 9ff.) vermerkt sind. ABER: Sämtlichen deutschen Lebensmitteln, die künstliche Jodzusätze enthalten, fehlen diese gesetzlich vorgeschriebenen Deklarationen. Bei sämtlichen deutschen Lebensmitteln mit künstlichen Jodzusätzen handelt es sich laut Arzneimittelgesetz juristisch um apothekenpflichtige bzw. rezeptpflichtige Arzneimittel, die lt. Arzneimittelgesetz nur in Apotheken abgegeben werden dürfen. ABER: sämtliche deutschen Lebensmittel, die juristisch über die künstlichen Jodzusätze entweder apothekenpflichtige bzw. rezeptpflichtige „Fertigarzneimittel" geworden sind, und lt. Arzneimittelgesetz nur in Apotheken abgegeben werden dürfen, werden nicht in Apotheken abgegeben. Für die Produkte der Lebens- und Futtermitteljodierung sind m.E. sämtliche Voraussetzungen für ein sogenanntes „Fertigarzneimittel" mit allen seinen juristischen und arzneimittelrechtlichen Konsequenzen laut Arzneimittelgesetz (=AMG) erfüllt. Die Beibringung dieses medizinischen Wirkstoffes Jod in die Futter- und Lebensmittel hat deshalb infolge der Ignorierung seines arzneimittelrechtlichen Status juristische Konsequenzen, die meines Wissens bis jetzt – außer in dem „Basisartikel JOD" der Autorin - noch nicht berücksichtig worden sind. Lebens- und Futtermittelproduzenten, die sich für die künstliche Jodierung ihrer Produkte entscheiden, entscheiden sich, ohne dies in allen Konsequenzen zu erkennen, meiner Meinung nach in Wirklichkeit für die Medikamentierung Ihrer Produkte und unterliegen damit aber gleichzeitig den damit verbundenen gesetzlichen Vorgaben des geltenden Arzneimittelgesetzes. Lebens- und Futtermittelproduzenten haften deshalb m.E. auch für die Arzneimittelrechtlich korrekte Auszeichnung ihrer durch die Jodzusätze entstandenen „Fertigarzneimittel". (Zitiert aus Dagmar Braunschweig-Pauli: Mangelnde Joddeklaration verletzt Arzneimittelgesetz. Zum Arzneimittelgesetz (=AMG) in Verbindung mit der generellen Jodierung von Lebensmitteln in Deutschland, Trier, 21. 09.09) **CARRAGEEN** (=E 407) - Stabilisator u.a. in Sahne, leider auch in der irischen Sahne (mit ovalem Nationalitätenkennzeichen „IE"), wodurch dieses ursprünglich nicht künstlich jodierte Milchprodukt leider nachträglich zusätzliches, künstliches Jod erhält.

DÜNGUNG - s. Joddung/ Joddünger

E-NUMMERN – die durch ihre Herkunft aus Algen jodhaltig sind : E 400 (=Alginsäure), E 401 (=Natriumalginat), E 402 (=Kaliumalginat), E 403 (=Ammoniumalginat), E 404 (=Calciumalginat), E 405 (=Propylenglycolalginat), E 406 (=Agar-Agar), E 407 (Carrageen), E 407a (= Euchema Algen)

ERSATZ-SAHNE – mit Wasser verrührter Mascarpone, bis er cremig-steife Konsistenz hat.

ERYTHROSIN (E127) – roter Lebensmittel-Farbstoff, möglicherweise enthalten in roten Cocktailkirschen, Kuchen mit roter Glasur, Gebäck, Marmelade, Ummantelung von Dragees und Medikamenten-Kapseln, in Salbe.

FERTIGARZNEIMITTEL – Für die Produkte der Lebens- und Futtermitteljodierung sind m.E. sämtliche Voraussetzungen für ein sogenanntes „Fertigarzneimittel" mit allen seinen juristischen und arzneimittelrechtlichen Konsequenzen laut Arzneimittelgesetz (=AMG) erfüllt. Die Beibringung dieses medizinischen Wirkstoffes Jod in die Futter- und Lebensmittel hat deshalb infolge der Ignorierung seines arzneimittelrechtlichen Status juristische Konsequenzen, die meines Wissens bis jetzt – außer in dem „Basisartikel JOD" der Autorin - noch nicht berücksichtig worden sind. Lebens- und Futtermittelproduzenten, die sich für die künstliche Jodierung ihrer Produkte entscheiden, entscheiden sich, ohne dies in allen Konsequenzen zu erkennen, meiner Meinung nach in Wirklichkeit für die Medikamentierung Ihrer Produkte und unterliegen damit aber gleichzeitig den damit verbundenen gesetzlichen Vorgaben des geltenden Arzneimittelgesetzes. Lebens- und Futtermittelproduzenten haften deshalb m.E. auch für die arzneimittelrechtlich korrekte Auszeichnung ihrer durch die Jodzusätze entstandenen „Fertigarzneimittel". (Zitiert aus Dagmar Braunschweig-Pauli: Mangelnde Joddeklaration verletzt Arzneimittelgesetz, a.a.O.)

DEUTSCHE GELATINE - die aus Rinderknochen gewonnen wird, enthält aller Warscheinlichkeit nach das Jod über das zugefütterte Jod, das sich auch in den Knochen der Rinder eingelagert hat.

ERSTE HILFE – s. Wund-Desinfektion

FRANKREICH – die Jodierung von Lebensmitteln ist in Frankreich wegen der damit verbundenen hohen Gesundheitsgefahren **verboten**! Vive la France!

INDIREKTER JODZUSATZ – Jod, das über jodierte Futtermittel, rote Salzlecksteine oder Salzleckschalen mit Jodzusätzen in tierische Ausgangsprodukte wie Milch und Milchprodukte, Fleisch- und alle weiteren Wurst- und Schinkensorten, Geflügel und Eier geraten ist, und durch diese wiederum in sämtlliche Halb- und Fertigprodukte, die mit diesen tierischen Ausgangsstoffen hergestellt sind.

JODDÄMPFE – entstehen beim Kochen und Backen mit Jodsalz. Über die Atemluft aufgenommenes Jod sind „Joddämpfe". Bei Jodempfindlichen führen sie oft innerhalb von Minuten zu heftigen Sofortreaktionen wie Atemnot und Augenbrennen, zu lebensbedrohlichen Zuständen wie Kehlkopfschwellung (!Erstickungsgefahr!) Larynxödem (!Erstickungsgefahr!), Herzrasen, Kreislaufkollaps, Erbrechen, Kolik und Koma. Menschen mit diesen Symptomen schweben in akuter Lebensgefahr! ***Sofort Notarzt rufen!***

JOD-DEKLARATION – die offizielle Deklaration von Jod erfaßt *nur* dasjenige Jod, das über Jodsalz in die Lebensmittel kommt. Der sehr viel höhere Jodanteil, der sich über die vorjodierten tierischen Produkte in nahezu sämtlichen Lebensmitteln, auch Halb- und Fertigprodukten, befindet, wird von dieser Jod-Deklaration nicht erfaßt. Durch diese Deklarationslücke ist eine in höchstem Maße gesundheitsgefährdende Wissenslücke bei den Verbrauchern entstanden.

JODDUNG – Mist/Dung von jodierten Kühen und Pferden – leider auch im Biobereich - mit dem Feldfrüchte, also Kartoffeln, Spargel, Kräuter und Obst wie Erdbeeren gedüngt werden. Dadurch gelangt das künstliche Jod auch in diese Produkte.

JODDÜNGER - kann aus nach dem Jodrecyclingsverfahren verbleibenden Abwasser entstehen: „Ein wesentlicher Gesichtspunkt für eine Jodrückgewinnung wäre nach dieser Studie auch der hohe „Rohjodpreis von ca. 17 Euro/kg". Jod gilt demzufolge als „ein ausgesprochen teurer Rohstoff." (in: GWF Wasser-Abwasser 144 (2003) Nr. 5, S. 360). Das Recyclingverfahren ermöglicht ... „die Freisetzung des in Röntgenkontrastmitteln gebundenen Jods als Jodid... Das verbleibende weitgehend jodfreie Abwasser hat das Potential, als Stickstoff- und Kalidüngemittel verwertet zu werden." (ebd. S. 359). „Weitgehend jodfrei" heißt leider, daß immer noch radioaktives Jod (aus den röntgenkontrastmittelhaltigen Krankenhausabwässern, Anm.d. Aut.) in denjenigen Abwässern enthalten ist, die als Düngemittel verwandt werden dürfen. Und so kommt unkontrollierbares (strahlenbelastetes) Jod aus Röntgenkontrastmitteln (=RKM) leider doch in die Nahrungskette." (Alles zitiert aus: Dagmar Braunschweig-Pauli: „Jod Krank. Der Jahrhundertirrtum, 2. Neuaufl. Trier 2007, S. 138ff.)

JODHALTIGES TRINKWASSER - entsteht durch den Eintrag von **kontaminiertem Jod in die Nahrungskette** und zwar durch Rückstände aus **röntgenkontrastmittelhaltigen Krankenhausabwässern**: „Am „Institut für Umwelttechnik, Fachbereich Ingenieurwissenschaften, Martin-Luther-Universität Halle-Wittenberg", D-06099 Halle/Saale, wurde „ein neues Verfahrenskonzept zur Jodrückgewinnung aus röntgenkontrastmittelhaltigen Krankenhausabwässern vorgestellt." Diese waren bisher in den kommunalen Abwasserreinigungsanlagen lediglich verdünnt worden. „Folglich sind sie in vielen Oberflächengewässern im µg/l Konzentrationsbereich nachweisbar. Wenn die RKM sich in der Natur gegenüber der Einwirkung von Mikroorganismen auch als persistent erweisen, so können sie doch unter photolytischen Bedingungen dejodiert werden. ... Ihr unpolarer Charakter führt jedoch dazu, daß sie bei der Aufbereitung von RKM-haltigem Wasser zu Trinkwasser nicht entfernt werden, so daß sie auch in Trinkwasser nachgewiesen worden sind." (In: Mathias Reisch/Andre Knorr/Dietlinde Großmann/Heinz Köster: „Zur Jodrückgewinnung aus Krankenhausabwässern", GWF Wasser-Abwasser 144 (2003) Nr. 5, S. 359)."

JODKARENZ – medizinisch verordneter strikter Verzicht auf Lebensmittel mit künstlichen Jodzusätzen, z.B. bei Hashimoto Thyreoiditis, Morbus Basedow, Heißen und Kalten Knoten i.d. Schilddrüse, während der medikamentösen Behandlung mit Thyreostatika, mit Psychopharmaka behandelten Depressionen, Dermatitis herpetiformis Duhring, Vitiligo, Zöliakie und **Krebs an allen Organen.**

JODKONTAMINATIONEN - Durch Joddämpfe, die über die Luft verbreitet werden, kommt es zu Jod-Anhaftungen an Gegenständen, die diesen Joddämpfen ausgesetzt sind. Diese Gegenstände müssen erst von den Jodkontaminationen gesäubert werden, ehe hochjodempfindliche

Menschen sie anfassen können.

JODMENGEN IN TIERFUTTER – 1) Zwischen den offiziell erlaubten Jodmengen in Tierfutter und den tatsächlichen Deklarationen auf Futtersäcken bestanden und bestehen Unterschiede dergestalt, daß sich z.T. in den Futtersäcken entsprechend ihrer Deklaration eine größere Jodmenge befindet, als diejenige, die als offiziell bekannt ist. Zwischen 1994 und 2002 betrug die offiziell erlaubte Jodmenge in Tierfutter 40 Milligramm Jod/kg Futtermittel. Auf Futtersäcken von gängigen Futtermittelfirmen in diesem Zeitraum befanden sich Deklarationen, die einen Jodgehalt von z.B. 48 bzw. 100 Milligramm Jod/kg Futtermittel belegten. Von 2002 bis 2005 betrug die erlaubte Jodmenge in Tierfutter 10 Milligramm Jod/kg Futtermittel. 2) Ab 2005 beträgt die erlaubte Jodmenge in Tierfutter noch 5 Milligramm Jod/kg Futtermittel. Am 6. 12.2006 wird uns schriftlich bestätigt, daß ein biozertifziertes Futtermittel 125 Milligramm Jod/kg Futtermittel enthält." (zitiert aus: Dagmar Braunschweig-Pauli, Basisartikel JOD. Basisinformationen zur „generellen Jodsalzprophylaxe", 3. Aufl., Trier 2008, , S. 21ff.)

JODSYMPTOME – Aggressionen, Akne, Allergische Reaktionen bis zum Schock, Angstzustände, Nervosität, Hyperaktivität bei Kindern(=ADHS), geschwächtes Immunsystem (=Infektanfälligkeit), Atemnot (=Jodasthma), Husten (=Jodhusten), Schnupfen (=Jodschnupfen), Bindehautentzündung (=Konjunktivitis), Bluthochdruck, Depressionen bis hin zu Selbstmordversuchen (oft erfolgreich), Panikattacken, Durchfall (auch Brechdurchfall), Fieber (=Jodfieber), Embolien (Arterienverschluß im Gehirn=Schlaganfall, in der Lunge=Lungenembolie, am Herzen=Herzinfarkt, plötzlicher Herztod), Impotenz (=Erektionsstörungen), Exophthalmus, Übergewicht (=Fettleibigkeit), Haarausfall, Magen-Darmstörungen, brüchige Nägel, Nagelablösung, Heiserkeit, Herzrasen, Herzrhythmusstörungen, Netzhautablösung, Konzentrationsschwäche, Kopfschmerzen, Kreislaufkollaps, Lichtempfindlichkeit, Muskelschwäche, Ödeme, Ohnmachten, Schilddrüsen-Entzündung, Schlafstörungen, Schwächeanfälle, Schweißausbrüche, Schwindel, Sehstörungen, Thyreotoxische Krise, Verätzungen an Magen und Speiseröhre, Zappelbeine, Zitternde Hände, etc.

JODUNVERTRÄGLICHKEIT – s. Laktoseintoleranz und s. Milchunverträglichkeit

KONTAKT-JODIERUNG – a) z.B. wenn unjodierte Produkte wie Brot, Wurst, Käse etc. mit demselben Messer bzw. derselben Schneidemaschine geschnitten werden, mit dem vorher jodierte Lebensmittel geschnitten worden waren. - b) wenn es zu direkten Körperkontakten zwischen Menschen, die sich jodiert ernähren und Tieren, die jodiert gefüttert werden und Jodempfindlichen kommt, vom Händedruck und Streicheln angefangen.

LAKTOSEINTOLERANZ – die Diagnose Laktoseintoleranz wird oft bei Milchunverträglichkeit gestellt. Unter der Berücksichtigung der Tatsache, daß die deutsche (auch österreichische und schweizerische) Milch über oft verwendetes Jodfutter z.T. hohe zusätzliche Jodwerte aufweisen kann, auf die immer mehr Verbraucher mit allergischen Symptomen reagieren, muß bei einer Milchunverträglichkeit abgeklärt werden, ob es sich bei ihr nicht um eine Jodunverträglichkeit anstelle einer Laktoseintoleranz handelt.

MILCHTOURISMUS - Einkaufsfahrten von Jodgeschädigten ins benachbarte Ausland wie Frankreich (dort ist die Jodierung von Lebensmitteln wegen der damit verbundenen Gesundheitsschäden verboten!), Polen, Luxemburg, Belgien, Holland, sogar über den Kanal nach England, um dort nicht künstlich jodierte Milchprodukte, auch Babynahrung! zu kaufen.

MISCH-BESTANDTEILE – bedeutet in der Inhaltsdeklaration, daß Ei und Milch enthalten sind.

MILCHUNVERTRÄGLICHKEIT – reagieren Patienten auf Milch mit Unverträglichkeit, wird oft die Diagnose Laktoseintoleranz gestellt, obwohl es sich in häufigen Fällen in Wirklichkeit um eine Jodunverträglichkeit infolge des meist dem Viehfutter künstlich zugesetzten Jodes handelt. Testmöglichkeit: verträgt der Patient z.b. französische Milch, in der ja auch Laktose enthalten ist, handelt es sich bei den Unverträglichkeitssymptomen nach dem Genuß von Milch bzw. Milchprodukten aller Wahrscheinlichkeit nach um eine Jodunverträglichkeit, und keine Laktoseintoleranz.

PFERDELECKERLI - sind z.T. jodiert.

SALZKRISTALL-LEUCHTEN - die in vielen Geschäften, vor allem Einrichtungs- und Warenhäusern -, Wohnungen, Geschäfts- und Praxisräumen zur Dekoration aufgestellten Salzkristall-Leuchten oder Teelichter aus Salzkristallen können Jodionen ausdünsten, auch wenn diese Lampen/ Teelichter *nicht* brennen. **Die uns bekannt gewordenen Sofortreaktionen** sind Augenbrennen (=Sandkorngefühl), Atemnot, Kehlkopfschwellung (Erstickungsgefahr! **Sofort Notarzt rufen!**) und Kreislaufzusammenbrüche.

VERSTECKTES JOD – Jodzusätze, die nicht deklariert werden müssen, und die über jodiertes Viehfutter – oft auch im Biobereich! - in die tierischen Ausgangsprodukte gelangen. Die auf diese Weise in die Nahrungskette gelangten Jodmengen sind zum großen Teil nicht bekannt und tragen dazu bei, daß die Zahl der chronischen Schilddrüsenerkrankungen in Deutschland stark angestiegen ist und weiter steigt.

VORJODIERT – sind tierische Ausgangsprodukte wie Milch, Butter, Sahne, Joghurt, Quark, Eier, Geflügel, Fleisch etc., in die über jodiertes Viehfutter bereits unbekannt hohe Jodmengen eingegangen sind.

WUND-DESINFEKTION - nach Auskunft von Teilnehmern an Erste-Hilfe-Kursen für Fahranfänger wird in diesen Kursen seit einiger Zeit von den Kursleitern nachdrücklich darauf hingewiesen, daß jodhaltige Wunddesinfizientien für Unfall-Opfer verboten sind, wegen der immer häufiger auftretenden Jodallergie in Deutschland.

ZAHNTAMPONS - die nach Zahnextraktionen in die Wunde gelegt werden, können jodhaltig sein.

LITERATUR

Blixen, Tania: „Babettes Fest". 6. Aufl., Zürich, Manesse Verlag, 1991.
Braunschweig-Pauli, Dagmar: Jod-Krank. Der Jahrhundertirrtum.
1. Aufl. Andechs 2000, 2. Neuaufl. Trier 2007.
Braunschweig-Pauli, Dagmar: Die Jod-Lüge. Das Märchen vom gesunden Jod.
Herbig Verlag 1. und 2. Aufl. München 2003, 3. Aufl. München2006, 4. Aufl. München 2008.
Braunschweig-Pauli, Dagmar: Basisartikel JOD. Basisartikel zur „generellen Jodsalzprophylaxe",
1. Aufl. Trier Juli 2008, 2. Aufl. Trier August 2008, 3. Aufl. Trier November 2008.
Braunschweig-Pauli, Dagmar: 38 Heilsteine für ein gesundes Leben, 2. Aufl. München 2007.
Dusy, Tanja/Schenkel, Ronald: Indien. Küche & Kultur, Gräfe und Unzer Verlag, 2. Aufl. 2007.
Freese, Hans, Dr. rer.nat, Dipl. Chem.: „Jod in Lebensmitteln", in. Balance 3/2008, S. 36ff.
Gorys, Erhard: dtv-Küchen-Lexikon, München 5. Aufl. 1983.
GU-Kompaß Mineralstoffe, akt. Neuauflage München 1996.
Heidböhmer, Ellen: Gesund mit Ingwer, Herbig-Verlag München, 1. Aufl. 2006.
Kalle, Margarete: Bitte zu Tisch! Ein neuzeitliches Kochbuch.
Erweiterte Neuaufl. mit 1527 Rezepten, Ulm 1975.
Köhrle, J. (Hrsg.): Mineralstoffe und Spurenelemente. Molekularbiologie –
Interaktion mit dem Hormonsystem – Analytik. 12. Jahrestagung der Gesellschaft
für Mineralstoffe und Spurenelemente, Würzburg 1996, In: Schriftenreihe der
Gesellschaft für Mineralstoffe und Spurenelemente e.V., Stuttgart 1998.
Königsberger Bürgerbrief 1984
„Kochen und Backen mit Honig", Hrsg: Ministerium f. Landwirtschaft, Weinbau
und Forsten, RLP, Berufsbildende Schule Landwirtschaft u. ländl. Hauswirtschaft –
Beratungs- und Weiterbildungsstelle, 5440 Mayen, Alte Hohl, Tel.: 02651/ 2061.
Pschyrembel. Klinisches Wörterbuch, 259. Aufl., Berlin 2002.
Ray, Sumana: Vegetarische indische Küche. 100 ausgefallen Gerichte aus dem
geheimnisvollen Osten, Könemann Verlagsgesellschaft mbH Köln, 2000.
ROTE LISTE®, Aulendorf 1999.
Studie der Eidgenössischen Forschungsanstalt Agroscope Liebefeld-Posieux, 2008, Abs.
9 Verwendung von jodiertem Salz, S. 15, Abs. 10 Zusammenfassung, S. 16.
Uccusic, Paul: „Doktor Biene. Heilkraft aus dem Bienenstock. Ariston-Verlag 1997, ISBN: 3-7205-1983-X.
Weed, Susun S.: „BrustGesundheit". Naturheilkundliche Prävention und Begleittherapie
bei Brustkrebs. Orlanda Frauenverlag 1997, ISBN: 3-929823-47-0.
www.zusatzstoffe-online.de/zusatzstoffe

MEIN DANK

Mein Dank gilt meiner Familie: meinen beiden Kindern, die sich in liebevoller Aufmerksamkeit an der Suche und am Einkaufen von nicht künstlichen Lebensmittel beteiligen, und er gilt meinem 2000 an jodinduziertem Lungenkrebs verstorbenen Mann Dr. phil. Heinrich Pauli, mit dem zusammen die „Grundinformation der Deutschen SHG der Jodallergiker, Morbus Basedow- und Hyperthyreosekranken" und die erste Liste von Lebensmitteln ohne künstliche Jodzusätze, „Was wir noch essen können. Leitfaden einer von künstlichen Jodzusätzen freien Ernährung" entstanden sind. Trotz seiner schweren Erkrankung schrieb Heinrich in den Jahren von 1998 bis 2000 ausführliche Briefe an sämtliche gesundheitspolitischen Sprecher aller Parteien, an die Gesundheitsminister, den Bundespräsidenten und den Bundeskanzler und erklärte darin die gesundheitsschädlichen Auswirkungen der gegenwärtigen Zwangsjodierung der Lebensmittel in Deutschland.

Mein Dank gilt unserem medizinischen Berater, dem Berliner Schilddrüsenspezialisten Prof. Dr. med Jürgen Hengstmann, der stets in selbstloser Hilfsbereitschaft für alle verzweifelten Jodgeschädigten – auch aus dem Ausland – zu sprechen ist.

Mein Dank gilt allen Betroffenen und Mitstreitern der Deutschen SHG der Jodallergiker, Morbus Basedow- und Hyperthyreosekranken, die mich seit 1995 unterstützt, mich ermutigt und begleitet haben.

Mein Dank gilt Holger von Nuis, Mitstreiter seit der Brisant-Sendung des mdr „Krank durch Jod" im Mai 1998, Diskussionsmoderator auf vielen meiner Vorträge, der auch die telefonische Information der SHG inne hat. Ihm verdanke ich viele wertvolle, auch kritische Ratschläge.

Mein Dank gilt unserem juristischen Berater Konrad Ullrich, Verwaltungsdirektor a.D., der uns bei der Formulierung und Ausarbeitung der juristischen Aspekte der Zwangsjodierung die entscheidenden Impulse gegeben und den größten Teil der daraus resultierenden Korrespondenz führte.

Mein Dank gilt allen Medizinern, Heilpraktikern, Vorsitzenden von Biochemischen Vereinen und Professoren der Ernährungswissenschaften, die mich zu Vorträgen über die Jodproblematik eingeladen haben.

Mein Dank gilt dem FDP-Politiker Frank Rösner aus Garmisch-Partenkirchen, dem wir die erste öffentliche, kontrovers geführte Diskussion über die Jodproblematik (am 8. Juli 2009) zu verdanken haben, und daß die sogenannte „Jod-Kritik" erstmals von Politikern als brisantes gesundheitspolitisches Thema wahrgenommen wird.

Mein Dank gilt meiner Kommunikationsdesignerin Tannja Decker für die künstlerische und professionelle Gestaltung meiner Website www.jod-kritik.de und die Präsentation der in meinem Selbstverlag ab 2008 erscheinenden Jod-Sachbücher.

Mein Dank gilt allen Lebensmittel-Produzenten und – Händlern, die uns unverfälschte, nicht künstlich jodierte Lebensmittel erhalten.

Und mein Dank gilt darüber hinaus allen Freunden, Bekannten und Mitmenschen, die aus menschlichem Empfinden heraus die Zwangsmedikation unserer Lebensmittel mit Jod ablehnen und so mithelfen, die isolierte Lebenssituation von uns Jodgeschädigten zu lindern und das allgemeine Bewußtsein dafür zu sensibilisieren, daß derart negativ veränderte Lebensmittel wie die jodierten Futter- und Lebensmittel in einer humanen Gesellschaft keinesfalls akzeptabel sind!

Dagmar Braunschweig-Pauli M.A., Trier, Sommer 2009

VI. ANZEIGEN

Die Jodartikel Sammlung
Artikel über spezielle
jodinduzierte Erkrankungen

Auf der Basis der neuesten Ergebnisse der Schilddrüsenforschung sind diese Artikel entstanden, denen auch die 1996/97 geschriebene Artikelserie "Jodunverträglichkeiten" der Autorin zugrunde liegen.
Sie sind ein Desiderat, denn in den populären Darstellungen der Schilddrüsenerkrankungen werden die Jodrisiken und die mit ihnen verbundenen Krankheitsbilder weitgehend ignoriert.

Dagmar Braunschweig-Pauli
ISBN 978-3-9811477-5-9
1. Auflage, 2011. 96 Seiten.

Basisartikel Jod
Basisinformationen zur
"generellen Jodsalzprophylaxe"

Im Basisartikel Jod werden erstmalig die juristischen Aspekte der Lebens- und Futtermitteljodierung im Sinne von Medizin- und Arzneimittelrecht, von Grund- und Strafrecht zusammenfassend behandelt.
Fragen zu Ethik, Diskriminierung, moralischem, christlichem und sozialem Verhalten, politischem Amtseid und Gewaltprävention werden allgemein verständlich beantwortet.
Die 8 Faustregeln für „unjodiertes Einkaufen" und der Anhang mit einer kleinen Liste nicht künstlich jodierter Lebensmittel mit ihren Bezugsquellen machen aus dem Ratgeber einen unverzichtbaren Einkaufsbegleiter.

Dagmar Braunschweig-Pauli
ISBN 978-3-9811477-1-1
4. aktualisierte und erweiterte Auflage, 2012. 92 Seiten.

Jodkrank
Der Jahrhundertirrtum

„Jod-Krank" ist DIE SCHLÜSSEL-BIOGRAPHIE der Jodkrankheiten.
In ihr beschreibt die Autorin die sich schleichend entwickelnde Entstehung ihrer eigenen jodinduzierten Autoimmunerkrankung und ihre Erfahrungen mit den oftmals auch von Ärzten verkannten, durch Jod ausgelösten Symptomen.
Für „Die Jod-Lüge. Das Märchen vom gesunden Jod" (Herbig Verlag), ihr 2003 geschriebenes Lexikon der Jodkrankheiten, bildet „Jod-Krank" mit seinen Recherchen zu den historischen und politischen Hintergründen der sogenannten „Jodsalzprophylaxe" die unverzichtbare Grundlage.

Dagmar Braunschweig-Pauli
ISBN 978-3-9811477-0-4
2. aktual. Neuaufl., 2007. 287 Seiten.

Grundinformation
der Deutschen SHG der Jodallergiker, Morbus Basedow- und Hyperthyreosekranken

Diese Grundinformation richtet sich an alle, die selber oder deren Angehörige von einer jodinduzierten Erkrankung betroffen sind.
Übersichtlich und allgemein verständlich werden in ihr die medizinischen Zusammenhänge zwischen Schilddrüse und Jod beschrieben.
Erstinformationen darüber, wie eine jodinduzierte Erkrankung entsteht, wie ihre Symptome sind, und welche Folgen sie haben, erleichtern die Orientierung nach der Diagnose.

Dagmar Braunschweig-Pauli
ISBN 978-3-9811477-7-3
2. aktual. Aufl., 2008. 52 Seiten.